F. UZUREAU

UN PRÊTRE FRANÇAIS

PENDANT L'ÉMIGRATION

M. de la Corbière, chanoine d'Angers

(Extrait de la Revue de Lille, *1909)*

SUEUR-CHARRUEY, Libraire-Éditeur, ARRAS
41, Rue de Vaugirard, PARIS

F. UZUREAU

UN PRÈTRE FRANÇAIS

PENDANT L'ÉMIGRATION

M. de la Corbière, chanoine d'Angers

(Extrait de la Revue de Lille, *1909)*

SUEUR-CHARRUEY, Libraire-Éditeur, ARRAS

41, Rue de Vaugirard, PARIS

UN PRÊTRE FRANÇAIS PENDANT L'ÉMIGRATION

M. de la Corbière, chanoine d'Angers.

Le 23 août 1734, avait lieu dans l'église d'Ernée (Mayenne) le mariage de Messire René-Gilbert-Anne de la Corbière, écuyer (1), avec Mlle Françoise Pilatoin.

De ce mariage naquirent cinq enfants :

1° René-François de la Corbière.

2° Pierre-Olivier-François de la Corbière de Juvigné, qui devint archidiacre et vicaire général de Verdun, puis aumônier de la princesse Adélaïde et enfin abbé commendataire de Talmond (Vendée). Il en sera question dans la *Relation* que nous publions.

3° Antoine-Madeleine de la Corbière, né le 11 août 1743, qui épousa à Verdun, le 10 septembre 1783, Marie-Anne Jehannot de Beaumont. Il était capitaine au régiment de Saintonge quand il prit sa retraite, le 12 avril 1787. Émigré en 1791, il entra dans l'armée de Condé et y resta jusqu'en 1801. Louis XVIII lui donna le grade de colonel le 14 août 1816.

4° Clotilde-Anne-Philippe de la Corbière, mariée à Avranches, le 20 février 1776, avec Jacques-Antoine-Gabriel Regnouf, écuyer, gendarme de la garde ordinaire du roi.

5° Lucien-François de la Corbière de Saint-Tray dont nous allons parler.

Lucien-François de la Corbière de Saint-Tray naquit le 7 janvier 1754 dans la paroisse de Saint-Gervais de la ville d'Avranches (Manche). Son frère Antoine-Madeleine lui servit de parrain. Après la mort de son père, Lucien-François reçut de la grande Chancellerie, le 2 mars 1768, des « lettres de majorisation » afin de lui permettre de régir ses biens comme personne majeure. Il fit ses études à l'Université d'Angers, où le 12 août 1773 il conquit le diplôme de maître ès-arts. En 1777, il fut nommé chanoine et chancelier de la cathédrale de Verdun, fonctions qu'il garda pendant

---

(1) Son père, Mathurin-Claude de la Corbière, seigneur du Feu, s'était également marié à Ernée, le 3 février 1698, avec Anne-Philippe du Verger.

Le marié avait un frère plus âgé que lui, Messire Mathurin-Claude de la Corbière, qui avait épousé Mlle Michelle de la Broise.

onze années. Il s'y trouvait, du reste, en famille, car le doyen du chapitre était son parent (Claude-Elisabeth de la Corbière), et son frère Pierre-Olivier-François remplissait à la cathédrale les fonctions d'archidiacre. Ce dernier ayant été nommé aumônier de Mme Adélaïde, donna sa démission pour cause de santé en 1788, et le 10 avril de la même année il fut remplacé auprès de la princesse par son jeune frère Lucien-François. Quelques mois après, le 3 juin 1788, Mgr de Lorry, évêque d'Angers, le nomma chanoine de sa cathédrale à la place de Claude-Joseph de Forerand, qui avait démissionné le 23 mai. L'abbé de la Corbière reçut cette nouvelle à Paris, où le 9 juin il conquérait en Sorbonne le diplôme de bachelier en droit civil et canonique. Il partit alors pour Angers, et le samedi 14 juin 1788, il prenait possession de sa stalle de chanoine à Saint-Maurice. Il se logea dans la *cité*, et, pendant un peu plus de deux ans, prit part à la prière publique du chapitre angevin. Le 18 septembre 1790, nous le voyons assister à la dernière délibération capitulaire.

On sait, en effet, que la Constitution civile du clergé, sanctionnée par le roi le 24 août 1790, supprimait tous les chapitres du royaume. Dès le mois suivant, les chanoines de la cathédrale d'Angers furent brutalement expulsés de leur église par les administrateurs du district. Le 26 décembre 1790, Louis XVI sanctionnait encore le fatal décret qui obligeait les prêtres à faire le serment à la Constitution civile. M. de la Corbière, à l'exemple de tous ses confrères, ne voulut point le prêter. Il alla passer à Vannes, dans une famille amie, l'hiver de 1790-1791, et vers le milieu de l'année il se retira chez ses sœurs, à Avranches.

Au mois de juin 1792, il partait d'Avranches pour l'île de Jersey, où il resta huit mois. Le 20 février 1793, il s'embarqua pour l'Angleterre et passa quatre mois à Londres chez un parent, avec lequel il faisait sa cuisine. Puis M. de la Corbière quitta l'Angleterre (1) pour aller dans les Pays-Bas. Après avoir visité ce nouveau royaume et parcouru la Hollande, il s'établit à Hall (Hainaut) ; il y résida huit mois dans la maison d'un tailleur (septembre 1793-juin 1794). C'est là qu'il écrivit la première partie de ses Mémoires.

L'approche des Français l'obligea à partir pour l'Allemagne. Il avait séjourné environ un mois à Aix-la-Chapelle (2) et à Elberfeld, quand il arriva à Rastadt, au mois d'août 1794. Il devint alors aumônier d'une

____

(1) En passant à Cantorbéry, notre chanoine angevin va visiter la cathédrale: « Les clochers en sont fort beaux, écrit-il, et par leur ressemblance avec ceux de Saint-Maurice d'Angers, mon église, me causèrent une douce et cruelle émotion, qu'il me serait difficile de rendre. »

(2) Arrivé à Heidelberg, le chanoine d'Angers fait cette confidence : « En passant dans ce beau pays, je sentis se retracer dans mon cœur l'image des superbes côteaux de la Loire, les belles prairies de l'Anjou, et en le quittant je poussai un profond soupir. »

compagnie de l'armée de Condé, dont il suivit toutes les marches et contre-marche pendant plus de deux ans. En 1797, il se fixa à Munich en qualité de professeur de français dans une institution de jeunes filles (1). Il ne partit de Munich pour rentrer en France que le 17 juin 1802.

De retour en Anjou, Mgr Montault des Isles, le nouvel évêque concordataire, le nomma curé de Roussay, dans la Vendée Angevine, à la place de M. Gautret, décédé (1803). Il resta douze ans à la tête de cette paroisse et se lia d'amitié avec M. Breton, curé de Montfaucon-sur-Moine, son voisin, mort archiprêtre de la cathédrale d'Angers en 1837. Nous le trouvons le 5 juillet 1814, à Beaupréau, où il compose une pièce de vers en l'honneur du duc d'Angoulême, de passage en cette ville.

M. de la Corbière donna le 20 février 1815 sa démission de la cure de Roussay et se retira à Luçon chez un membre de sa famille. Louis XVIII lui offrit l'évêché de Bayeux, qu'il refusa en raison de ses infirmités. Quand le diocèse de Luçon fut rétabli en 1821, Mgr Soyer le nomma chanoine de la cathédrale, et il mourut à Luçon au mois de décembre 1825.

Pendant son émigration, M. le chanoine de la Corbière écrivit une relation de ses voyages à travers l'Europe. « Ceci n'est que l'*itinéraire de mes voyages*, dit-il, la politique y est tout à fait étrangère. » Son manuscrit est intitulé : *Relation de mes voyages en Angleterre, les Pays-Bas, la Hollande et l'Allemagne, ou délassements de mon long et pénible exil*. Nous allons le reproduire, d'après l'original conservé depuis 1897 aux archives départementales de Maine-et-Loire.

F. Uzureau,

Directeur de l'*Anjou Historique*.

(1) A Munich, il termina la rédaction de la *Relation* de ses voyages.

AVANT-PROPOS

Les rapsodies de mon exil ou la relation de mes voyages n'étant point un ouvrage que je projette de rendre public, ce n'est donc point une préface que je me propose de mettre en tête de cet enfant perdu; la préface réclame d'ordinaire l'indulgence du public, et moi je la réclame tout au plus de mes parents ou de mes amis, puisqu'eux seuls peut-être pourront s'ennuyer à la lire. Ainsi, si quelqu'un est assez courageux pour vouloir me suivre, je dois lui déclarer d'avance que l'ennui, le besoin du travail, ont été les seuls mobiles qui m'aient engagé à prendre la plume. Il fallait vaincre le plus cruel, le plus dangereux ennemi que j'aie rencontré dans mes courses, l'oisiveté. J'y ai trouvé le double avantage de tuer le temps et de me distraire de temps à autre des noirs soucis qui m'obsédaient. Je me suis, d'ailleurs, mis peu en peine de châtier mon style : j'ai écrit d'un trait.

Je crois devoir laisser ces différentes nuances, qui peignent l'état où se trouvait alors mon âme. Si ce malheureux enfant se ressent donc de l'âpreté de sa position, si ma prose ou mes vers se sentent de la teinte rembrunie de mon âme, qu'on se mette à ma place et qu'on me juge. S'est-on jamais avisé d'en vouloir à un enfant qui crie, parce qu'il a été molesté par un pédagogue bourru, ou à un aveugle qui réclame son bâton en pleurant? Pardonnez donc à ma bile, en faveur de mon cœur. Sondez les replis de mon âme, et je me flatte que vous ne verrez en moi qu'un honnête homme malheureux, qui aime et chérit toujours tendrement sa patrie. Hélas !

Plus je vis l'étranger, plus j'aimai mon pays.

Au reste, je n'engagerai jamais personne à lire cet écrit, je lui rendrai moi-même justice et le tiendrai à sa place. Ma diction sera simple, et la vérité sera ma boussole. Je peindrai les objets tels que je les ai vus, et les hommes de tout pays, selon que leurs vertus ou leurs vices m'auront semblé le mériter.

Voici à peu près, cher lecteur, tout ce que je crois devoir vous dire. D'après cela, consultez-vous, et si vous troublez mon repos, ne vous en prenez qu'à vous-même, si je vous endors ou si vous attrapez la migraine.

DÉLASSEMENTS DE MON EXIL.

Relation de mes voyages en Angleterre, les Pays-Bas, la Hollande et l'Allemagne.

Persécuté dans ma malheureuse patrie, ne pouvant plus y exercer non seulement mon ministère, mais étant même souvent forcé de me soustraire à la poursuite d'hommes qui, sous le nom séduisant de patriotes, exerçaient la plus cruelle tyrannie contre tout homme qui croyait en Dieu, chérissait son roi, désirait la paix et le bonheur de son pays, obligé de me cacher fêtes et dimanches pour n'être pas forcé, baïonnette au bout du fusil, d'assister et de participer aux sacrilèges de prêtres vendus aux circonstances, ma présence attirant d'ailleurs chaque jour la persécution sur mes parents et amis, je ne vis plus d'autre parti à prendre que celui de la fuite. Je dis donc adieu pour un temps à la France, j'embrassai mes sœurs (1) et mes neveux, et le cœur gonflé de douleur je quittai ma patrie, qui toute cruelle qu'elle est à mon égard, n'en conserve pas moins mon amour, mon attachement, mes regrets. Je gémis, je pleure sur le sort de mes frères égarés, je prie Dieu qu'il les éclaire et protège les bons catholiques contre les embûches de leurs ennemis. (2)

La retraite que je m'étais choisie, lorsque je fut forcé de quitter

(1) Clotilde-Anne-Philippe de la Corbière mariée à Antoine-Gabriel Regnouf, et Marie-Anne Jehannot de Beaumont, épouse d'Antoine-Madeleine de la Corbière. Cette dernière avait un fils Robert-François-Yves, né à Verdun le 1er sepbre 1785, qui épousa le 29 mai 1815 Marie-Hélène Pitafoin de la Coste et mourut à Paris le 26 février 1870. Nous ne connaissons pas les enfants de Mme Regnouf. Ces deux dames furent emprisonnées à Avranches par ordre du district le 24 mars 1794 et libérées le 3 avril ; elles furent arrêtées de nouveau le 17 avril 1794 et ne recouvrèrent leur liberté définitive que le 29 septembre suivant.

(2) Il ne faut pas perdre de vue que M. de la Corbière écrivait ces lignes pendant son exil.

ma maison et d'abandonner mes domestiques et mes effets à la
fureur et à la rapacité départementale. fut la basse Normandie. Je
balançai longtemps si j'irais m'ensevelir dans la foule de la capitale. où beaucoup de personnes s'imaginaient qu'on pourrait se
soustraire à la rage des malveillants. Après de mûres et sérieu-
ses réflexions, je sentis que Paris étant le foyer de la Révolution,
ce devrait nécessairement être le point et le centre des explo-
sions (1). Je pris donc le parti de suivre le torrent et de me laisser
déporter avec le plus grand nombre des ecclésiastiques, qui fidèles à Dieu et à leur conscience ne croyaient pas devoir l'asservir à
un serment qu'ils regardaient comme impie et sacrilège. N'étant
point fonctionnaire public (2), j'aurais été en droit de réclamer,
mais je m'en donnai bien de garde, et je gagnai tristement le lieu
qui me fut désigné pour l'embarquement. Je passe sous silence les
preuves non équivoques d'estime et d'attachement que nous
éprouvâmes sur toute notre route, mon cœur sait les apprécier et
les conserver. mais la prudence me contraint de taire nombre de
traits généreux dont je fus le témoin, ainsi que les procédés atroces de quelques-uns de nos satellites (3). Arrivé à Granville (4), lieu
de notre embarquement. après avoir passé une nuit agitée par le
souvenir du passé et l'incertitude affreuse du cruel avenir qui se
présentait à mes yeux, je ne vis d'autre refuge que de me jeter à
corps perdu dans les bras de la Providence, et d'attendre avec
force et résignation tout ce qu'il lui plairait d'ordonner. Je monte
donc dans une chaloupe pour gagner le bâtiment qui m'était destiné. et arrivé. je le trouve rempli de victimes, qui comme moi
subissaient la loi du plus fort. Enfin au bout d'une demi-heure la
voile se gonfle, nous partons et hors du port nos poumons moins
oppressés semblent respirer un air salubre et plus pur.

(1) Il fut en cela bien avisé. car autrement il eût été, selon toute probabilité,
victime des septembriseurs.

(2) N'étaient obligés de prêter le serment en vertu du décret du 27 novembre
1790, que les prêtres « fonctionnaires publics », c'est-à-dire ayant charge d'âmes
ou mission d'enseigner. Les chanoines n'étaient pas compris dans le décret.

(3) M. de la Corbière craint que dans ses marches et contre-marches, son manuscrit ne se perde. Il eût pu alors devenir un acte d'accusation contre ceux
qui en 1792 lui avaient témoigné de la sympathie.

(4) Granville. chef-lieu de canton de l'arrondissement d'Avranches (Manche).

Ile de Jersey.

Le chanoine d'Angers passe huit mois à Jersey. — L'ancien pont de Cartray, suivant les archives de la cathédrale de Coutances. — Luxe et richesse des habitants. — Leurs mœurs et leur peu de religion. — Ils ne paient aucun impôt. — Les CHARLOTS et les MAGOTS. — 1500 prêtres Bretons déportés.

(JUIN 1792 — FÉVRIER 1793).

Me voilà donc en mer, jamais je n'avais voyagé sur ce terrible élément, et quoiqu'à peine les flots sillonnassent sa surface, je n'imaginais pas qu'elle pût être plus en courroux. Le capitaine nous rassura, et bientôt j'admirai ce que je redoutais si fort le moment précédent. Mais une sensation bien cruelle à mon cœur vint me tirer de cette douce rêverie, je voyais les côtes de mon infortunée patrie fuir devant moi. Je laissais des parents, des amis à la merci d'une affreuse révolution, dont je ne pouvais calculer ni les suites ni tous les malheurs. J'y laissais des fidèles sans secours et sans sacrements. Je quittais moi-même mon pays sans savoir quand et comment il me serait permis d'y rentrer. Cette dernière idée était sans contredit celle qui m'affligeait le moins. J'étais alors si persuadé que mon exil ne serait que momentané, que je fis mon possible avant mon départ pour partager avec mes malheureux parents la petite bourse que je m'étais faite. Je me disais : ou le calme renaîtra pour la fin de l'année ou non ; s'il renaît un jour pur et serein sur ma patrie, je rentrerai le cœur joyeux et content ; si, au contraire, le trouble et l'anarchie se propagent de plus en plus, je rentrerai encore, je vendrai mes meubles et effets, je réunirai le plus de fonds possible et je quitterai alors en pleurant le pays qui me vit naître, mais où il n'est plus permis de servir Dieu, où on ne reconnaît plus pour autorité légitime que les meurtres et les crimes, et où la loi du plus fort est la loi suprême. Qui eût pu s'imaginer alors que la malheureuse France touchait à la tyrannie de Robespierre !

Tout en me flattant de revoir sous peu de mois mes pénates, le vaisseau conduit par le vent m'avait fait franchir l'espace qui sé-

parc la petite île de *Chausey* (1) de la France. Nous en passâmes
à portée de canon. Je n'y vis qu'un amas de rochers, quelques
baraques. Une seule métairie, dit-on, compose tout son territoire.
Cet îlot sert de refuge aux pêcheurs, quand il s'élève des tem-
pêtes, et c'est un entrepôt fort commode pour favoriser la contre-
bande entre les Français et les Anglais.

A peine eûmes-nous dépassé l'île de Chausey, que nous aperçûmes Jersey à l'horizon. Une chaîne de montagnes ou plutôt de rochers
sépare presque continuellement Jersey de la France. Depuis Chausey, il y a fort peu de brasses d'eau, et on vogue au milieu des
écueils. Des rochers affreux sortant partout du sein des mers font
pâlir par un gros temps le plus intrépide marin. La plupart de mes
compagnons d'infortune furent alors accueillis du mal de mer, et
sentant moi-même mon cœur se fadir je me jetai sur un grabat.
J'y goûtai les faveurs de Morphée, et à mon réveil je vis Jersey à
deux lieues de distance. La chaîne de rochers dont je viens de parler, nous accompagnait toujours à droite, et se prolongeait tellement du côté de la France qu'elle paraissait y toucher. Sur notre
gauche, à trois à quatre lieues de distance, on aperçoit les fameux
rochers, nommés les Minguiers, qui s'étendent du côté de Saint-
Malo. A l'inspection de toutes ces masses énormes, il est aisé de
juger que jadis toute cette mer fut un continent, et s'il était permis d'en douter, les archives de la cathédrale de Coutances décide-
raient la question. Ce chapitre était tenu d'entretenir le pont de
Cartray à Jersey, et aujourd'hui cet espace est occupé par un bras
de mer de six à sept lieues.

Jersey s'approchait toujours de plus en plus, et déjà elle nous
offrait l'aspect le plus riant. A droite nous voyions Saint-Hélier, et
à gauche Saint-Aubin, autre petite ville qui n'en est éloignée que
d'une lieue; et l'espace qui sépare ces deux villes, est flanqué de
tours qui défendent l'approche de la côte. Avant d'entrer en rade,
on passe à portée de fusil du fort Elisabeth. Il est bâti sur un rocher au milieu de la mer et protège les rades des deux villes. Ce
fort était, dit-on, jadis une communauté de Récollets. Notre tra-

(1) Le petit groupe d'îlots, qui se nomme Chausey, dépend de la commune de
Granville.

versée fut de neuf heures. L'air de la terre me fit souvenir que mon estomac était encore à jeun, et je courus chercher à le satisfaire.

Je m'étais persuadé que Jersey était une très petite île, à peu près inculte, et habitée par des hommes sinon sauvages au moins le rebut de la France et de l'Angleterre. Quelle fut ma surprise en trouvant ses ports remplis de vaisseaux, et les villes et les campagnes habitées par des hommes riches et industrieux qui y font fleurir le commerce et l'agriculture, d'y trouver enfin un luxe étonnant surtout en bois étranger (les lits, les tables, les armoires, même les rampes des escaliers sont souvent de bois d'acajou) ! L'or et l'argent y brillent de toutes parts, et le peuple commerçant possède sûrement plus de richesses que nos villes ordinaires n'en ont dans les temps les plus heureux. On s'aperçoit enfin de l'opulence anglaise. Il est vrai que l'émigration a enrichi ce pays. Dans l'espace de huit mois que j'ai passé dans cette île, Saint-Hélier s'est accru d'un tiers. Quand je sortis de la ville, ma surprise ne fut pas moindre. J'y trouvais des chemins bien entretenus, plantés d'arbres et un trottoir pour les gens de pied. L'île entière forme un grand et vaste jardin. Point de terre inculte, tout respire l'industrie et l'aisance, rien n'attriste la vue. La maison du laboureur y est propre et souvent mieux meublée que celle de quelques riches particuliers en France. Il n'est point rare de voir ces bonnes gens, assis autour d'une table de bois d'acajou, manger leur rosbeef et boire d'excellent cidre. Au total le sol de cette île ressemble à celui de la Normandie. Jersey peut avoir dix à douze lieues de circonférence. Elle contient douze paroisses et a 24 à 30.000 habitants. Toute l'île est bordée de rochers qui en rendent l'approche très difficile. Il y a, en outre, des batteries établies de distance en distance, et on compte que l'île est défendue par 800 bouches à feu. Chaque paroisse fournit son bataillon. Ces troupes sont bien vêtues et exercent tous les dimanches.

Quant aux mœurs et aux usages des habitants, ils sont absolument anglais. La religion toutefois n'y est pas à beaucoup près aussi respectée qu'en Angleterre, ou, pour mieux dire, à peine s'aperçoit-on que ce peuple en ait une. Ils vont très rarement à leur prêche, et ils ne sanctifient le dimanche qu'en s'abstenant du

travail et de toute espèce de jeu ; mais, en revanche, ils courent
à cheval, font des parties de campagne et boivent tout le jour.

A Jersey comme à Londres. on prend le thé trois fois par jour.
on sable les appartements crainte de salir le plancher. En Angleterre. on lave et ou savonne les chambres, les appartements, même
l'escalier, avec tout autant de soin qu'en France une chemise ou
un mouchoir. L'île de Jersey est une espèce de république. sous
la protection de l'Angleterre. Le Parlement n'y a aucune espèce de
droit. Cette île a ses États, composés des ministres. des barons et
des députés des communes. Elle ne paie aucun impôt. elle est absolument franche. Il est démontré qu'il en coûte annuellement
500,000 livres à l'Angleterre pour posséder Jersey. Cependant le
peuple remuant n'est point encore content. Il existe dans cette
île, depuis plus de dix ans. deux partis connus sous les dénomina-
tions de *Charlots* et de *Magots*. Les premiers sont pour leur constitution actuelle. et les seconds imbus de principes démagogiques
ne veulent et ne désirent que le trouble et l'anarchie. Ces scélérats ne cherchent que les moyens d'exercer leur rage contre les
malheureux Français que les circonstances des temps ont forcés
de chercher un refuge parmi eux. et il n'est pas rare de trouver
des prêtres ou des émigrés noyés dans leur sang.

Les premiers mois de mon exil se passèrent assez agréablement.
Je trouvai à Jersey grande et nombreuse compagnie. Nous avions
tous plus ou moins d'argent, ce fond de gaieté propre à notre nation qui savait tirer parti des circonstances les plus fâcheuses et
souvent même les tourner à son avantage. D'après cela. il est clair
que le temps, tout fâcheux qu'il pût être, se passa avec rapidité au
milieu des fêtes. des pique-niques et des bons mots.

Le mois de septembre 1792 nous apporta plus de 1500 prêtres
déportés de Bretagne (1). La marche des Prussiens, la prise de
Verdun entretinrent notre espoir d'une paix prochaine. Mais quand
on apprit la reculade du duc de Brunswick, la bataille de Jemma-
pes. l'invasion des Pays-Bas. tous les sarcasmes et les bons mots
possibles ne purent m'empêcher de voir à découvert le précipice
affreux qui s'ouvrait sous nos pas. La famine avec ses dents ai-

(1) En vertu de la loi du 26 août 1792 qui ordonnait la déportation de tous
les prêtres insermentés.

guës m'apparut alors dans toute sa laideur, et je tremblai dès lors de l'avoir pour compagne.

Je sentis vivement la lourde sottise que j'avais faite, de ne pas apporter avec moi tout ce qu'il était en mon pouvoir de soustraire à la rage de mes persécuteurs. Vains regrets ! On nous berça encore de l'évasion du Roi, d'un arrangement pris avec le duc de Brunswick, enfin de mille et une fables plus ridicules les unes que les autres, qu'il fallait croire ou tout au moins faire semblant de croire, mais j'avoue que je n'avais point assez de foi. Aussi me regardait-on comme un « noir », qu'il fallait éviter. Enfin le 21 janvier 1793 arrive, et nous apprend avec tant de détails la fin tragique de l'infortuné Louis XVI qu'il n'y eut plus moyen d'en douter.

La France et l'Angleterre étant alors en guerre, je n'avais plus la ressource d'avoir des nouvelles de France. Les vivres augmentaient d'une manière effrayante, les locations y étaient au poids de l'or, nous étions encombrés les uns sur les autres dans cette petite île ; et ce qu'il y avait de plus dangereux, nous étions forcés de vivre au milieu d'un peuple féroce, qui désirait ardemment l'arrivée des Français et nous eût sûrement immolés pour leur plaire. Toutes ces raisons me déterminèrent, ainsi que beaucoup d'autres, à aller végéter sous un ciel plus calme et moins dispendieux. Je retins ma place dans un bâtiment qui partait pour l'Angleterre, et j'attendis encore près de trois semaines que les vents ou les vaisseaux fussent prêts, et ils eurent beaucoup de peine à s'entendre : tantôt les orages et les vents s'opposaient au départ, tantôt il fallait attendre une escorte ou un vaisseau qui devait arriver. Enfin nous levâmes l'ancre le 20 février 1793. Avant de perdre tout à fait de vue les côtes de ma chère et malheureuse patrie, je jugeai à propos de lui adresser mes adieux en ces termes :

> O toi que j'aime tendrement,
> Toi pour qui mon âme soupire,
> Conçois, si tu peux, le délire
> Que j'éprouvais en te servant.
> Hélas ! la fortune cruelle
> En m'accablant de sa rigueur
> Devait au moins changer mon cœur,
> Mais j'aime toujours l'infidèle.

O mes frères, ô mes amis,
Si vos penchants toujours volages
Vous ont présenté comme sages
Vos plus dangereux ennemis,
Songez qu'il est de la prudence
De revenir de son erreur.
J'en appelle à vous, à l'honneur,
Serait-il banni de la France ?

Des factieux et des méchants
Ont parcouru toute la France ;
Ils ont juré dans leur démence
Anathème aux rois et aux grands,
Au ciel, à l'Eglise, à Dieu même ;
Rien ne peut calmer leur courroux,
La France est l'empire des fous.
Se peut-il, hélas ! que je l'aime ?

Français, il ne vous faut qu'un Roi,
Qu'une noblesse, une patrie,
Qu'un père, une femme chérie,
Qu'un Dieu, qu'un clergé, qu'une foi,
Point de clubistes patriotes,
Point d'assignats, point de Feuillants,
Point d'assassins, point de brigands,
Surtout point de rois sans-culottes !

Angleterre.

I. — Le chanoine Angevin prend passage sur un vaisseau anglais pour Southampton, lequel est chassé par une frégate et reçoit la bordée d'un corsaire. — Frayeur d'un matelot qui va se jeter dans le lit de Mme de L. — L'île de Wight. — Description de Southampton. — La diligence à 8 roues. — Winchester, dont le château royal est destiné à donner asile à 600 prêtres français. — Burry ; l'usage de la serviette y est inconnue, on se mouche avec les doigts et on boit dans le même verre.

II. — Londres. — Le chanoine y passe quatre mois chez un parent, avec lequel il fait sa cuisine. — Monuments. — Les pairs ornés de grandes perruques sont assis sur des poches de laine. — Les boxeurs. — La pendaison par 12 personnes. — Les femmes de bon ton. — Le respect des enfants pour leurs parents. — L'amour paternel. — Les jeunes filles. — La religion. — Le respect pour les morts.

III. — Départ de Londres. — 19 personnes en berline. — Rochester. — Cantorbéry. — Douvres. — Il se rend à Ostende.

(FÉVRIER — JUILLET 1793).

I

Je dis donc adieu aux Charlots et aux Magots, et je joignis le bâtiment qui devait me transporter à Southampton. Le temps était beau, le vent frais, tout nous promettait une traversée heureuse sinon agréable, car nous étions 100 personnes dans un pauvre petit bâtiment qui n'aurait dû en contenir que 20 à 30 pour y être à l'aise. Il fallut donc s'abonner à être dans l'ordure et la malpropreté. Je me procurai, moyennant 6 francs de plus, la permission de me réfugier dans un petit trou de cinq pieds de longueur sur deux de largeur, mais cela ne m'empêcha pas d'avoir ma bonne part des immondices de mes voisins. Enfin le coup de canon annonce au convoi de mettre à la voile. On part et chacun s'empresse de dépasser son voisin. J'étais sur le meilleur voilier et bientôt notre vaisseau gagna la tête du convoi, qui consistait en 40 voiles, y compris une corvette de 24 canons qui nous servait d'escorte. La nuit nous prit en doublant la pointe de l'île. Un corsaire côtier dont l'office est de rôder autour de l'île pendant la nuit, pour avertir s'il voyait quelque vaisseau ennemi, nous ayant rencontrés, héla notre vaisseau. mais notre capitaine qui prit cela pour une plaisanterie ne répondit point. Alors le corsaire, fort mauvais plaisant. nous envoya sa bordée. Grâce à Dieu, elle ne tua et blessa personne, elle nous prêta même à rire par les injures et les menaces originales que nos deux capitaines se dirent réciproquement. Le vent jusqu'ici avait été frais et suffisant, mais sur les 9 heures du soir. Borée s'élève tout à coup et soulève en montagne les sillons paisibles de la mer. Tout craquait dans le bâtiment. les vagues furieuses passaient en bondissant pardessus le pont, et les longs sifflements des vents déchaînés ajoutaient encore à la terreur. Le plus grand nombre alors de mes camarades furent saisis du mal de mer. les dames surtout vomissaient en recommandant leur âme à Dieu. Jusqu'ici j'avais supporté courageusement le ballottement continuel de notre vaisseau. Je me permettais même quelques plaisanteries contre les plus timides. Mais mon tour arriva. mon cœur se gonfla tout à coup, mes forces m'abandonnèrent, et me voilà à faire ma partie avec ceux que je persiflais en les évitant le moment d'auparavant. je me trouvai si faible que bon gré malgré il me fallut rester où j'étais, restituer et recevoir des éclaboussures aussi puantes que sordides et dégoûtantes. Le raz une fois franchi. le vent céda un peu. les mouvements convulsifs du bâtiment devinrent moins rudes et moins fréquents, et au bout de quelques heures je me retrouvai gai et gaillard. mais l'estomac fort creux et ma toilette dans le plus déplorable état. Nous avions vent arrière et nous filions quatre lieues à l'heure. Nous passâmes près de Guernesey et d'Aurigny.

Guernesey est à sept lieues de Jersey. La ville de Guernesey se présente en amphithéâtre sur le penchant d'une colline. Cette ville est à peu près de la même grandeur que Saint-Hélier, de Jersey, mais on m'a assuré que les édifices y sont beaucoup plus beaux. Le port y est sûr et profond. et garni par une forte esplanade. Les pâturages y sont abondants. quoique les sites y soient peu variés et qu'il y ait même quelques bruyères. Les environs de la ville sont cultivés avec soin; de jolies promenades, des maisons de campagne fort élégantes. décorées de jardins anglais. rendent les alentours de Guernesey fort agréables. On assure que cette île est plus riche et plus peuplée que Jersey.

L'île d'Aurigny n'est distante que de quatre à cinq lieues des côtes de Normandie. Elle est fort petite et peu peuplée. Elle a un petit port et un gouverneur.

Du train que nous allions, nous ne tardâmes pas à découvrir avec la lunette les côtes fortunées de l'île de Wight. Mais la même lunette nous fit apercevoir dans l'horizon un gros vaisseau qui nous donna d'autant plus d'inquiétude que deux officiers de marine que nous avions à bord, nous assurèrent que c'était une frégate française, au moins de 36 canons. Sur-le-champ le signal de « sauve qui peut » fut donné et on hissa toutes les voiles. Elle fondit sur nous avec la majesté et la rapidité de l'aigle qui veut se saisir de sa proie, et en moins d'une demi-heure elle arriva au milieu du convoi. Il faudrait être dans notre position pour savoir apprécier nos craintes et nos justes frayeurs. Déjà ceux qui se trouvaient dans ses eaux se mettaient en devoir de jeter leurs papiers, leur argent à la mer et se donnaient mutuellement l'absolution, croyant toucher à leur dernière heure. Enfin notre méprise cessa, quand cette frégate assura son pavillon anglais. On la reconnut pour l'*Hébé*, frégate neuve, prise dernièrement et peut-être la meilleure voilière de l'Europe. Revenus de notre frayeur, nous commençâmes à respirer, et bientôt nous fûmes à portée d'admirer l'heureuse et fertile île de Wight, que les Anglais appellent le « paradis de l'Angleterre. » Cette île a 9 à 10 lieues de circonférence et n'est séparée de la grande terre que par une baie qui peut avoir 3 lieues de large. La jolie ville de Garmouth et nombre de châteaux décorent les bords de cette île fortunée. C'est à la hauteur de cette ville que deux frégates en station font amener les bâtiments pour les fouiller et presser les matelots en temps de guerre. Un des nôtres qui se trouvait dans le cas d'être pressé, se décostuma bien vite et perdit tellement la tête, qu'il fut se cacher sans cérémonie dans le lit de Mme de L., en la suppliant de dire qu'il était son mari. La pauvre dame toute confuse lui céda vite la place entière. Cette farce nous prêta fort à rire, et le matelot qu'on crut Français se tira d'embarras.

Après avoir doublé l'île de Wight, le spectacle le plus magnifique et le plus imposant nous attendait. Nous laissions l'île sur notre droite, la grande terre sur notre gauche, et en face la superbe baie de Spithead. Tout ce que la terre ou la mer peut offrir de plus majestueux, se présenta donc à nos regards avides. Là nous admirions les beautés simples de la nature ou des châteaux environnés de jardins délicieux ; là nous voyions une forêt de mâts et des vaisseaux de toute grandeur qui couvraient une surface prodigieuse de la mer. Enfin nous traversions la rade la plus fameuse de l'Angleterre et conséquemment la plus imposante de l'univers.

Peu après, nous entrâmes dans ce qu'on appelle la rivière, qu'on devrait à plus juste titre baptiser baie, puisque sa largeur ordinaire est au moins de 2 lieues. Nous la remontâmes pendant 6 à 7 lieues. En quittant la baie de Spithead, l'appareil militaire et guerrier nous quitta pour faire place à un autre plus riant et moins redoutable. De chaque côté de notre magnifique canal, on découvre des villes, des hameaux, de gras pâturages déjà couverts de troupeaux. Ce canal ou rivière est une prolongation de la baie de Spithead ; elle a beaucoup de profondeur à marée haute et porte, dit-on les plus gros bâtiments. Nous aperçûmes enfin les rochers de Southampton, dont les murs sont baignés par les eaux de cette baie. A peine eûmes-nous jeté l'ancre, que plusieurs chaloupes vinrent nous visiter et nous annoncèrent que 12 seulement de nous irions à l'hôtel-de-ville montrer nos passe-ports, et qu'il était probable que le reste coucherait à bord. Nous n'avions plus de provisions, grâce à l'heureux appétit des matelots ou commis qui venaient de nous visiter. Je sais fort bien qu'un d'eux but d'un trait une demi-bouteille d'élixir de longue vie que j'avais dans mon sac, malgré toutes mes représentations, et il est plus que probable que le malheureux aura payé chèrement sa gloutonnerie. On prit donc le parti de souffrir ce qu'on ne pouvait empêcher, on envoya chercher des provisions à terre et on s'abonna à passer une nuit détestable. Mais une autre chaloupe étant encore venue nous rendre visite, elle prit aussi 12 personnes et je fus assez heureux pour être du nombre. Je dis donc adieu à mes camarades et leur souhaitai patience et résignation. A peine y fûmes-nous montés, que, pour leur prouver que nous étions bons Français, il fallut crier *Vive le Roi*, ce que nous fîmes de grand cœur. Arrivés à l'hôtel-de-ville, après l'inspection de nos papiers, on nous fit écrire de notre propre main nos nom, surnom, état, signalement ; on nous toisa et on nous renvoya. Il était alors près de 10 heures du soir. Il faisait un temps abominable. Nous ne savions pas un mot d'anglais, jugez de notre embarras. Enfin, à force de trotter, de baragouiner une langue que les Anglais ne comprenaient pas plus que nous, nous fûmes assez heureux pour rencontrer quelqu'un qui parlait français. Il me conduisit chez un de mes amis, dont je partageai la chambre pour cette nuit. Dès le matin, je courus pour me procurer un gite et éviter les auberges qui sont ruineuses dans ce pays. Nous nous étions costumés à l'anglaise autant que possible, mais nous n'en avions ni les façons ni la tournure. Aussi fûmes-nous assaillis dans les rues à coups de pierres par le peuple qui nous appelait dans sa langue « chiens de Français, tueurs de Roi. » Cette réception n'était pas assez galante pour m'engager à rester dans cette ville, et j'en serais parti sur l'heure sans les instances de mes amis. Ainsi j'y restai 3 jours pour leur plaire, et j'employai le temps à parcourir et connaître une des plus jolies villes de l'Angleterre.

Southampton n'est pas une grande ville, mais les rues y sont généralement larges et alignées. La rue principale surtout serait belle à Paris, elle a au moins un quart de lieue de long, cent pieds de large et de superbes trottoirs de chaque côté. Les maisons sont bâties en briques, ont 4 étages, des balcons, mais peu ou point d'architecture. Les boutiques sont superbes, et la manière élégante dont les marchands parent leurs boutiques produit un effet charmant et attire presque forcément des chalands. A un quart de lieue de la ville, est une jolie promenade en forme de rotonde, et on voit de distance en distance de charmantes maisons de campagne ornées pour la plupart de jardins anglais. Les vivres et les logements sont ici d'un prix exorbitant, depuis le mois de juin jusqu'au mois d'octobre, rapport à des seigneurs anglais qui viennent s'y établir autant pour respirer un air pur que pour prendre les bains de mer. J'eus bien des regrets de quitter Southampton sans aller visiter Portsmouth, qui n'en est distant que de quelques milles. Mais, depuis la déclaration de guerre, les Français avaient ordre de se tenir éloignés de vingt-cinq milles de la côte, et presque tous ceux qui habitaient Southampton en étaient déjà partis. Je fus donc retenir ma place à la diligence à huit roues. Cette voiture est trop singulière pour que j'omette d'en esquisser le tableau.

Cette voiture a la forme d'un bateau. Les huit roues sont égales, elle peut contenir jusqu'à 20 personnes. Le dedans est garni de bons coussins. Les croisées sont en verre de Bohême et les rideaux de taffetas. Tous les bagages des voyageurs sont renfermés dans de grands coffres de cuir placés sur le devant et sur le derrière de la voiture. Elle est si bien suspendue qu'à peine sent-on les mouvements. On attelle à cette charmante diligence 4 ou 6 chevaux, parfaitement harnachés, aussi beaux et tout aussi fringants que ceux de nos petits maîtres, ils vont toujours au galop ou tout au moins au grand trop, ce qui est d'autant plus surprenant qu'ils traînent un poids énorme et qu'on ne les change que 4 fois dans l'espace de 75 milles ou 25 lieues, distance de Southampton à Londres. Les grandes routes ne sont pas si larges en Angleterre qu'en France, mais elles sont parfaitement entretenues. Il y a toujours quelqu'un de distance en distance occupé à réparer l'effet des voitures, aussi n'y voit-on point d'ornières. Les rouliers, d'ailleurs, sont obligés d'avoir à leurs lourdes charrettes des roues de 18 pouces d'épaisseur. Nous voyageâmes donc très vite et très commodément, nous déjeunâmes à Winchester, ville distante de 4 lieues de celle que nous quittions. La route entre ces deux villes n'offre rien de fort intéressant, les terres y sont généralement cultivées, mais on y trouve aussi quelques terres incultes et négligées. Les maisons du laboureur sont propres et annoncent son opulence.

Winchester est une grande ville bâtie sur un sol agréable. Les rues sont fort larges et les maisons construites en briques, et chaque rue ornée de trottoirs, mais c'est un avantage commun à toutes les villes et même les villages de l'Angleterre, les grandes routes mêmes en sont pourvues pour la commodité des gens de pied. A cet égard, l'Anglais surpasse ses voisins, et il paraît très étonnant que les autres peuples de l'Europe n'aient pas pris les Anglais pour modèles. A peu de distance de cette ville, on rencontre un vieux et énorme château royal. Le bon et généreux Georges III l'a fait réparer, pour le mettre en état de donner un asile à 600 prêtres français. A peine eûmes-nous quitté Winchester, que le sol ne nous offrit sur notre gauche que des landes et des bruyères, mais en revanche notre droite nous dédommageait de l'aridité que nous éprouvions en promenant nos regards de l'autre côté. Là nous voyions une vallée charmante, qu'arrosait une rivière en faisant mille contours. les troupeaux paissaient tranquillement le long de ses bords. et la douce brebis abandonnée à elle-même ne craignait point la dent meurtrière du loup ravissant. Peu après, nous vîmes le château du duc de Bedfort, situé au milieu d'une belle prairie, on y arrive par deux allées larges et bien sablées. Ce contraste est ravissant, en comparant dans ces circuits l'or du sable avec le beau vert et la simplicité de la verdure. Des arbres magnifiques. plantés autour de cette prairie, servent en même temps de promenade aux habitants du château et de refuge aux troupeaux contre les ardeurs du soleil.

Nous rencontrâmes encore à quelques lieues de distance une autre maison royale. Un assez beau canal, bordé d'arbres toujours verts, terminé par une cascade fort simple qui tombe en murmurant au travers des rochers, sert de perspective à un antique château, qui paraît abandonné.

Nous dînâmes à une jolie petite ville, nommée Burry, au moyen de ma grammaire anglaise et de quelques mots que je m'étais déjà mis dans la tête. nous ne manquâmes de rien. C'est, je crois. le cas de remarquer que l'Anglais qui possède assurément plus d'or qu'aucune autre nation de l'Europe, est peut-être le plus pauvre et le plus misérable en linge. Ce même peuple. qui fait chaque semaine deux fois la lessive à son escalier, savonne son plancher et le seuil de sa porte. comme un mouchoir. ne connaît pas l'usage des serviettes et se mouche avec les doigts. Quand je dis peuple. j'entends des personnes riches et aisées. Tel est parfaitement vêtu et a sa bourse pleine de guinées, qui n'a pas de mouchoir dans sa poche. Un autre ouvrage que je ne trouvai pas plus ragoûtant, c'est de boire tous dans le même verre ; mais. au risque de déplaire, nous nous mîmes au-dessus de cette étiquette. et nous demandâmes chacun un verre.

Après avoir amplement dîné. nous remontâmes dans notre charmante voiture. et dans les 20 milles qui nous restaient à parcourir pour arriver à la capitale. nous rencontrâmes à chaque pas de superbes bourgs. des villes charmantes et meublées de boutiques parées à faire le plus grand plaisir. Tout enfin annonce l'approche d'une des plus opulentes et des plus magnifiques villes de l'Europe. Le jour était sur son déclin et nous promettait de voir Londres aux réverbères, c'est-à-dire dans tout son éclat.

II

Rendus à cette superbe capitale, le hasard fit que nous nous trouvâmes sur le chemin du Roi, qui allait au concert. Il était accompagné de quelques gardes, et le peuple qui criait *huzza* (Vive le Roi), nous avertit de son approche. Les voitures du roi ne courent pas au galop comme en France, mais elles laissent au contraire tout le temps au peuple de manifester sa joie en contemplant un père et un bon roi. Nos yeux furent d'abord frappés de la longueur et de la largeur des rues. Comme elles sont toutes ou presque toutes parfaitement alignées, que les boutiques y sont toutes parées d'une manière qui nous était inconnue, que celles des liquoristes, épiciers, apothicaires réfléchissent des rayons de toutes les couleurs au moyen de vases remplis de diverses liqueurs derrière lesquels ils placent des bougies, des lampions ou des candélabres, que chaque côté de la rue est éclairé de 10 pas en 10 pas par une lampe surmontée d'un cylindre en verre, tout cet éclat réuni produit surtout au premier coup d'œil un effet admirable. Nos yeux en furent éblouis et ne pouvaient mesurer la longueur des rues qui se présentaient à chaque instant à nos regards étonnés. J'avouerai donc que j'en fus singulièrement frappé, et que Londres me parut infiniment plus beau que je me l'étais persuadé. Arrivé à la douane, je délivrai mes effets, je me logeai dans le voisinage, j'y fus fort mal et très chèrement, et je m'empressai dès le matin de quitter ce coupe-gorge. Je me fis conduire par un fiacre au logement d'un de mes parents, et nous nous arrangeâmes pour vivre à frais communs et faire nous-mêmes notre cuisine. C'est l'unique manière ici de vivre à bon compte, à moins d'aller courir les gargottes. Quand on sait alors n'avoir point de fantaisies et se contenter de l'essentiel à la vie, on peut y exister comme partout ailleurs. Le pain et la viande sont toujours maintenus à bas prix par le Gouvernement, mais hors des objets de première nécessité tout est au poids de l'or et en raison d'un pays prodigieusement riche en numéraire.

Mon premier soin lorsque je fus logé, fut de parcourir et d'admirer cette belle et immense cité. Il est dangereux de s'égarer lorsqu'on ne connaît pas la langue d'un pays, mais un Français à Londres a deux avantages sur un Anglais à Paris : marcher toujours à pied sec sur de magnifiques trottoirs sans redouter les voitures, et trouver beaucoup d'Anglais qui parlent français. Je pris donc la carte de Londres. Je vis que les rues d'Oxford, Holborn et Piccadilly traversaient presque toute la ville, que la ville était divisée en places ou squares. J'examinai bien le mien et les rues qui y aboutissaient, et je m'aventurai bravement seul à aller à Saint-Paul, qui était distant de plus d'une lieue de ma demeure. Je logeais dans le plus beau quartier de Londres, et après avoir vu les rues qui ont *Cavendisch* pour centre, les autres me parurent bien médiocres. Les rues sont généralement fort larges et fort bien alignées. Les maisons sont toutes bâties de briques et semblent ne former qu'une seule maison ; elles n'ont ni fronton, ni aucune décoration d'architecture. Qui en voit une les voit toutes, à quelques exceptions près, que je décrirai par la suite. La pierre étant fort rare en Angleterre, il n'y a que les édifices publics, les maisons royales et quelques maisons de riches lords qui en soient construites.

Chaque quartier a sa place ou square, ordinairement de forme ovale. Plusieurs rues bien alignées y aboutissent. Le terrain qui compose la place, est entouré d'une forte grille de fer de 12 pieds au moins d'élévation. Ce sont ordinairement de charmants parterres, au milieu desquels il y a une statue équestre ou pédestre ; les propriétaires des maisons qui environnent les squares ont seuls les clefs des portes des fatales grilles. On voit quelquefois de jolies allées, des bassins, des bosquets délicieux, et il est cruel de ne pouvoir jouir d'un agrément que par leur nature ils devraient procurer au public.

On compte à Londres plus de 40 squares. Les plus beaux sont Grosvenor, Lincoln's-Inn-Fields, Bloomsbury, Cavendisch, Fieldsroy (?). Ce dernier n'était pas encore achevé. Ce qui frappe le plus à Londres, c'est l'immense quantité de grilles de fer qu'on rencontre partout. On se promène toujours au milieu d'une double grille de fer. Chaque maison a un étage en terre, sa petite cour, où est

son réservoir pour l'eau que la Tamise fournit, quatre étages, deux
croisées et la porte, et sa grille de fer. La longueur de Londres est
sans exagération de trois lieues. Il serait difficile de déterminer sa
largeur ; mais en comprenant ce qui est de l'autre côté de la Tamise, qu'on peut regarder comme ses faubourgs, elle peut avoir
généralement une lieue de large. Les choses remarquables à Londres sont : Saint-Paul, Westminster, Somerset, le palais du lord-
maire, l'obélisque, à la porte de Londres, Saint-James, Hyde-Park,
Kensington, Chelsea ; et à deux lieues est le superbe hôpital de
Greenwich. On fait remarquer aussi l'hôtel où fut renfermé l'infortuné Charles, et la croisée par laquelle il sortit pour aller à l'é-
chafaud, qu'on avait dressé sous ses fenêtres. Tout près de là, sont
les Chambres des Pairs et des Communes. Vues extérieurement,
elles n'annoncent rien de beau, mais l'intérieur en est vaste et bien
décoré. J'y suis entré une fois moyennant un billet que je fus assez
heureux de me procurer. J'admirai l'ordre et le silence qui y règnent. Je vis les pairs assis sur de grandes poches de laine, pour
qu'ils n'oublient jamais que la laine est un trésor précieux pour
l'Angleterre. Leur costume ne diffère de celui de nos anciens magistrats que par les perruques in-folio qui laissent à peine apercevoir une portion de leurs figures et qui, de chaque côté, retombent
sur la poitrine.

Vu extérieurement, Saint-Paul mérite à tous égards les éloges
et l'admiration des connaisseurs, tant par son immensité que par
les belles proportions de son portail et de ses superbes colonnades. On est seulement fâché qu'en face de cet édifice magnifique, il
y ait une place aussi mesquine. Quant à l'intérieur du temple,
voici ses dimensions. Le terrain qu'il occupe est de douze acres,
16 perches et 23 verges. De fortes balustrades de fer entourent cet
espace. Le portail principal et les deux collatéraux sont de la plus
grande beauté. La largeur à l'entrée occidentale est de cent pieds
anglais, sa longueur de l'est à l'ouest de 510 pieds, et du nord au
midi en dedans des portiques de 228. Sa hauteur depuis le pavé en
marbre jusqu'à la croix au-dessus du dôme est de 404 pieds, la
circonférence du dôme de 420, le diamètre des colonnes cannelées
des portiques de 4 pieds et leur élévation de 48. Il y a 534 marches
à monter pour aller sur le dôme. L'intérieur du dôme est peint ad-

mirablement et offre un point de vue aussi majestueux que ravissant. Tout autour règne intérieurement une belle balustrade en fer doré, d'où on peut tout à son aise admirer l'élégance et la force des différents morceaux de peinture qui le composent. Si on monte sur la galerie extérieure, on voit les principaux événements de la vie de saint Paul sculptés en pierre et taillés par le célèbre M. Hill. Cette église a coûté, dit-on, plus de 1.500.000 livres sterlings. Quant à la vue en grand de l'intérieur de ce temple, j'avouerai peut-être à ma honte que je n'y ai rien vu qui ait répondu à la haute idée que je m'en étais formée, à l'exception du dôme qui m'a frappé et pénétré d'admiration. A en juger par l'extérieur, je m'attendais à trouver un vaisseau d'une vaste étendue et décoré en proportion, et je l'ai trouvé raccourci de moitié par un vilain jubé bien noir et bien sale qui partage la nef du chœur, et ses collatéraux tellement rétrécis par l'énorme grosseur des piliers que la voûte même en semble écrasée et les bas-côtés de vrais boyaux. D'ailleurs, aucun ornement, ni en peinture, dorure ou sculpture. C'est une belle église, si vous voulez, mais dans le plus grand négligé, et cette nudité choque des yeux accoutumés à une parure décente.

Westminster était jadis une abbaye célèbre, non seulement par ses richesses, mais encore par la beauté de son édifice. Le temple tant à l'intérieur qu'à l'extérieur est dans le genre gothique. La nef est très vaste et fort élevée. Les piliers sont élégants et fort légers, les vitraux peints à l'antique, et le tout forme une superbe église. C'est le lieu où reposent les cendres des rois et des grands hommes de l'Angleterre. J'eus le plaisir d'y trouver le mausolée de saint Evremont, et je m'y arrêtai davantage pour lui payer le tribut que je devais à un compatriote. Celles des rois sont derrière le chœur, on ne peut les voir sans payer; à cela près de deux ou trois beaux morceaux, le reste est bien peu de chose. C'est là aussi qu'on fait voir le plafond de l'arrière-chœur, où sont les armoiries des Chevaliers de la Jarretière. Les grands hommes ont leurs mausolées soit dans les chapelles latérales de l'église, soit le long des murs du temple. Il s'y trouve des morceaux admirables, on distingue entre autres ceux du célèbre lord Chatam et de l'immortel Newton. Aujourd'hui qu'on peut avec de l'or s'y faire élever des tombeaux et dresser de pompeuses épitaphes, bientôt les vertus et les talents n'y trouveront plus de place.

Saint-Étienne est un temple voisin du palais du lord-maire. Il a été construit par le même architecte que Saint-Paul. Aussi en a-t-il toutes les proportions en miniature. Beaucoup de personnes le trouvent supérieur à son modèle pour la légèreté et l'élégance de son ensemble. Il est, d'ailleurs, décoré de tableaux, de boiseries et sa chaire est en bois d'acajou.

Saint-James est le palais des rois d'Angleterre. Il faut le montrer à un étranger pour qu'il s'en puisse douter. C'est un vieux bâtiment qui n'a que deux étages et 12 à 15 croisées de face. Le lierre s'est emparé d'une partie du vieux château, et il ne contraste point du tout avec la majesté de l'édifice.

Le parc Saint-James règne le long des murs du palais et a au moins un mille de longueur. C'est une fort belle promenade, plantée de six rangs d'arbres et d'autant d'allées fort bien sablées. Mais en Angleterre, on a tant de respect pour les arbres qu'on n'en coupe jamais une branche morte, et on se décide difficilement à les remplacer lorsqu'ils sont morts. Au milieu de cette promenade est une belle prairie en pente douce et environnée de grilles de fer, au milieu de cette prairie un beau canal, et de l'autre côté de la prairie six rangs d'arbres comme du côté du château. A un bout de la promenade on voit le palais de la Reine, et à l'opposé le corps de casernes des gardes du Roi.

Kensington n'est séparé de Saint-James que par Hyde-Park. C'est encore une maison royale, dont les jardins et les promenades attirent quand il fait beau les cavaliers et les voitures de Londres. L'enceinte est vaste et renferme des bois, des prairies, des bosquets, des jardins. Le canal, la vue et la proximité de Londres font de Kensington une promenade, d'autant plus agréable que tout y paraît naturel et que l'art y est pour fort peu de chose. D'ailleurs, Saint-James et Kensington sont les seules promenades de Londres, et comme elles sont du même côté, il s'ensuit que ceux des quartiers opposés n'ont que la campagne ou les rues pour but de promenade.

Hyde-Park est une plaine assez vaste, entre Saint-James et Kensington, où s'arrêtent les voitures de ceux qui parcourent les bosquets et les jardins de Kensington. C'est aussi là que se font les courses de chevaux. Hyde-Park renferme dans son enceinte de nombreux troupeaux de vaches. appartenant à la Reine, qui sont de la plus grande beauté, ainsi qu'une grande quantité de daims. En général, les pâturages des environs de Londres sont excellents, aussi sont-ils couverts de troupeaux dont la rare beauté annonce la fertilité du sol.

L'hôtel Somerset est dans le Strand. C'est aujourd'hui l'hôtel de la Marine. L'hôtel est immense. c'est sans contredit le plus beau de Londres. Sa terrasse qui domine sur la Tamise est fort belle. Mais il n'y a ni bosquets ni jardins ; et ce qui prouve bien la rareté de la pierre, c'est que les murs collatéraux de ce superbe édifice sont en briques.

L'Obélisque est situé près du pont de Londres. Ce monument fut érigé en mémoire d'un incendie. qui réduisit en cendres une grande partie de ce quartier, à la fin du XVIIe siècle. Cette espèce de pyramide a au moins 150 pieds d'élévation. Elle est fort bien sculptée et ornée à sa base de bas-reliefs en bronze et d'inscriptions, où la rage des protestants contre les catholiques se manifeste à la postérité. On peut monter jusqu'au sommet au moyen d'un escalier intérieur en forme de vis.

La Bourse et la Banque se servent de pendant, il n'y a que la rue qui les sépare. Les bâtiments sont beaux, mais n'ont rien de magnifique vus extérieurement. C'est le rendez-vous de tous les négociants. banquiers, etc.. et où se font les affaires.

Le palais du lord-maire est un énorme pavillon carré, orné de pilastres et de belles colonnades. Une grille de fer en forme l'entrée. mais la cour est si petite qu'elle en est ridicule.

Chelsea est l'hôpital destiné aux invalides des troupes de terre. Il n'est distant que d'une demi-lieue de la capitale. c'est un but de promenade fort agréable. Cet hôpital est composé de 3 cours et de 3 bâtiments uniformes ; sa position est presque au bord de la Tamise ; il domine un peu Londres qu'il a pour perspective, ainsi que des côteaux charmants. On y trouve un très beau jardin, ainsi qu'un fort beau parc planté de beaux arbres. Quinze à dix-huit cents invalides habitent cette maison, qui en pourrait contenir bien davantage.

Greenwich est l'hôpital des invalides de la marine. à 2 lieues de Londres. Il est situé sur le bord de la Tamise et peut être regardé comme le plus superbe établissement de l'Angleterre. C'est là que l'Anglais a déployé tout ce que la sculpture, l'architecture et la peinture ont d'imposant. Tout concourt à frapper le spectateur d'admiration. Quatre bâtiments superbes, détachés les uns des autres, sont ornés de colonnades, de bas-reliefs de la plus grande beauté. Les proportions des bâtiments sont ménagées avec tant d'art qu'on découvre à chaque instant les jardins, le parc ou l'observatoire. Se promène-t-on le long de la magnifique terrasse qui règne le long des bords de la Tamise, non seulement on découvre toujours les mêmes choses que je viens de décrire, mais encore on a pour perspective un fleuve magnifique couvert de vaisseaux de toutes grandeurs, et Londres semble placé pour terminer dans le lointain le point optique. Si on entre dans l'intérieur, la curiosité n'est pas moins satisfaite, principalement dans la chapelle et la salle des peintures, qui sont chacune précédées d'un beau dôme. Enfin tout annonce ici la magnificence d'un grand roi, et d'un peuple riche et industrieux. Les victoires de ces braves insulaires sont peintes sur tous les murs. Tout parle aux yeux et rappelle à ces vieux marins les lauriers qu'eux ou leurs ancêtres ont cueillis. Quatre mille invalides sont déjà dans ces superbes bâtiments. Ils pourraient en contenir au moins 6.000. Je ne puis me lasser de répéter que Greenwich est, sans contredit, l'objet le plus intéressant et le plus curieux de l'Angleterre. Après l'avoir bien visité, nous nous promenâmes au parc et montâmes à l'observatoire. Sa forme est singulière et ne peut être décrite qu'avec le crayon ou le pinceau. Sa position est admirable, on découvre de là tout l'horizon. Nous voyions bien au-delà de Londres ; mais le brouillard éternel qui règne sur cette cité, ne nous permit d'entrevoir que quelques tours au milieu d'un nuage de fumée bien noire et bien épaisse.

Nous revînmes par eau, nous traversâmes presque toujours une double haie de bâtiments de toute taille, sur 8 et quelquefois 10 d'épaisseur, et nous calculâmes avoir passé en revue au moins 4 à 5.000 bâtiments. Nous vîmes plusieurs frégates et un vaisseau 74 en construction. La Tamise, aux environs de Londres, est un fleuve magnifique et fort avantageux pour le commerce, rapport à sa grande profondeur presque égale partout.

Trois ponts établissent la communication sur la Tamise, chacun est au moins long de 500 pas ; ils sont fort larges, ont de beaux trottoirs et des garde-fous fort élevés. Mais on n'y voit point de quais ; peu de villes cependant offrent une position plus heureuse pour en avoir de magnifiques. L'Anglais vise toujours à l'utile avant de songer à l'agréable. Il trouve plus avantageux d'avoir ses ateliers, ses magasins au bord de l'eau, que d'y voir de superbes promenades qui ne lui rapporteraient rien. Il n'y a point non plus de boulevards à Londres. Une simple grande route dénuée d'arbres forme l'enceinte de la ville. En revanche, l'immense quantité de bâtiments qui s'élèvent dans toute sa circonférence, fait craindre au spectateur réfléchi que la tête étant beaucoup trop grosse pour le corps, ne finisse par l'engloutir et le dévorer. Déjà des villes entières sont renfermées dans Londres, telles que Paintonville, Islington, Chelsea, etc. On compte à Londres 1,000,000 à 1,200,000 habitants, en comprenant les étrangers ou habitants des vaisseaux qui couvrent la Tamise.

Je conclus de tout ceci que Londres ne possède pas tant d'objets de détail que Paris ; il règne dans les rues une monotonie, une uniformité qu'on se lasse bientôt de voir ou d'admirer ; il faudrait à Londres les quais et les boulevards de Paris, et à Paris les rues et les squares de Londres. On trouve encore à Londres quelques beaux édifices, tels que les palais du prince de Galles et du duc de Bedfort, ainsi que de belles galeries d'estampes et de tableaux. Mais je ne suis pas assez connaisseur pour m'aviser d'entrer dans les détails de descriptions de ce genre.

Quant aux mœurs et usages, à cette liberté anglaise qui caractérise cette nation, ils ne trouvent pas beaucoup de partisans dans les mœurs et l'éducation françaises et européennes. L'Anglais en général est adonné au vin et a sa bonne part des vices des autres peuples. Partout il faut distinguer les nobles, les personnes aisées de la vile et sale populace, et ici beaucoup plus qu'ailleurs l'Anglais de la première classe est froid, flegmatique, taciturne, généreux, adonné aux sciences et à la libéralité plus par ostentation, amour-propre et vanité que par goût, fier comme le petit peuple ; attaché à ses usages, il ne souffre pas qu'on les blâme.

La populace est fière, brutale, insolente, vexe indifféremment tous les étrangers, mais les Français de préférence, persuadée qu'elle est, d'après son éducation, de sa supériorité sur les autres nations. La liberté anglaise permet au portefaix d'insulter un lord, même un prince du sang et de le faire *boxer*. Ce cruel combat peint trop bien l'atrocité des mœurs anglaises pour que je me dispense d'en esquisser le tableau.

Deux hommes prennent querelle. Ils choisissent chacun deux témoins, vont sur le pré et jettent chacun une pièce d'argent, qui doit appartenir au vainqueur. Ils quittent leurs vêtements, même leur chemise, de manière qu'ils sont absolument nus jusqu'à la ceinture, et la boxe commence. La seule arme est le poing, ils ne peuvent se frapper avec le pied, ni sur celui qui est à terre, selon les lois reçues, mais ils ont le droit de s'arracher les yeux, s'ils le peuvent, ce qui arrive quelquefois. Cette bataille qui, au premier coup d'œil a l'air d'une plaisanterie, finit bientôt par faire reculer d'horreur. Après s'être mis la figure en compote, s'être assénés des coups dans l'estomac, qui retentissent comme s'ils frappaient sur un tonneau, après s'être déchiré le corps comme des tigres en furie, s'être roulés et meurtris sur l'arène, si les témoins s'aperçoivent que les forces leur manquent, deux de leurs témoins se mettent alors à genou sur un genou, en face l'un de l'autre, et les deux autres témoins, après les avoir séparés, les font asseoir sur les genoux de ceux qui sont à genou. L'un leur fait boire de la liqueur, l'autre les frotte et les essuie avec des vulnéraires. Ils font ensuite donner la main aux combattants, en signe d'amitié. Enfin, après avoir bu à la même bouteille, le combat recommence avec plus de fureur encore, jusqu'à ce que l'un des deux fasse le mort ou s'avoue vaincu, ce qui n'arrive jamais qu'à l'extrémité, vu que le vainqueur est porté en triomphe au cabaret voisin, et que le vaincu est hué et molesté par les spectateurs.

La manière dont on pend en Angleterre est trop curieuse aussi pour que je me dispense d'en parler. Quand 8, 10 ou 12 hommes sont condamnés à la potence, alors on dresse un échafaud près de la prison (Newgate). Les patients montent dessus, on leur passe une corde au cou qu'on attache à la potence, ils sont alignés comme à l'exercice, ayant chacun un bonnet sur la tête. Ainsi accrochés, on laisse la liberté aux parents et amis de leur parler et de recevoir leurs dernières volontés. Au bout d'un quart d'heure on fait signe à la compagnie de se retirer. Le plus proche parent ou ami rabat alors le bonnet sur la figure de son patient, l'échafaud tombe et ils restent tous là suspendus. Après leur mort, les parents les enlèvent et les enterrent. En Angleterre, le crime déshonore le criminel seul ; lui seul est coupable, en effet. Il est donc bien injuste d'y faire participer des parents honnêtes.

Le peuple de Londres est tout aussi badaud que celui de Paris. Avec une caricature, une estampe, on est sûr de rassembler tout ce qui passe dans la rue. Le Gouvernement a su profiter de ce goût décidé pour représenter sous les formes les plus saillantes et les plus hideuses la Révolution Française, la liberté et l'égalité. Le peuple anglais veut que l'étranger se vêtisse et s'habille à l'anglaise, et il ne tolère pas un autre costume que le sien, malheur à celui qui ne s'y conforme pas ! Si le peuple de Londres est aussi badaud que celui de Paris, les femmes y sont tout aussi frivoles. Une femme du bon ton se lève à 10 heures, va faire à pied ou en voiture quelques visites, rentre sur les deux heures, monte à cheval, va courir Hyde-Park et les grands chemins jusqu'à cinq heures. Alors elle dîne, fait sa toilette, va à la comédie, au concert, soupe à dix heures, en suite le jeu, le bal, le vochall jusqu'à trois heures. La partie de Saint-James, Oxford, Piccadilly est le quartier des désœuvrés. La Cité est un peuple à part, tout occupé de son commerce.

L'amour paternel se remarque facilement en Angleterre. Les enfants sont élevés avec beaucoup de douceur. Jamais ou très rarement un père ne frappe ou ne maltraite ses enfants. Mais aussi le respect des enfants pour leur père est admirable. Un fils, tout grand qu'il soit, ne verra pas son père pour la première fois du jour sans fléchir le genou et lui demander sa bénédiction. On ne s'embrasse point en Angleterre mais on se serre la main en signe d'amitié. Le respect pour les morts est excessif : non seulement on laisse le défunt huit ou quelquefois dix jours sur le lit de parade, mais on met la plus grande somptuosité dans ce qui concerne l'enterrement. Le cercueil est d'ordinaire de bois précieux, couvert de lames et de clous d'argent. L'oreiller est garni de dentelles et de la plus belle mousseline. Une ou plusieurs voitures drapées de noir, attelées de chevaux noirs, suivent le corbillard. Il y a des croix sur tous les tombeaux, où les qualités et les regrets des parents sont décrits de la manière la plus pathétique. Mais ce qui paraît fort étrange, c'est que le jour de l'enterrement soit une espèce de jour de réjouissance, vu que les parents et les amis sont régalés chez les plus proches parents du défunt, où ils passent la nuit à noyer leur chagrin dans le vin.

Les jeunes personnes jouissent en Angleterre de la plus grande liberté. Les demoiselles sortent seules et vont se promener avec qui bon leur semble. Si quelquefois elles en abusent étant filles, il est reconnu qu'une fois mariées elles sont des épouses fidèles, douces et vertueuses, singulièrement attachées à leur ménage et surtout à leur mari. Quant à la liberté anglaise, elle dégénère souvent en licence, elle rend le peuple remuant et mutin. Il faut qu'il soit conduit par des mains bien habiles pour être contenu dans le devoir, ou plutôt on peut dire sans rien mentir que l'Angleterre est un volcan toujours en révolution.

La religion réformée ou anglicane est la religion dominante des trois royaumes. Mais on tolère toutes les religions. On peut le même jour assister à tous les cultes de l'Europe. Les Juifs ont une synagogue magnifique, où je suis allé quelquefois pour jouir de leur excellente musique et surtout pour entendre des voix superbes. Je dois à la vérité d'avouer que l'anglais pratique merveilleusement le précepte de la charité, et je doute qu'il y ait un peuple en Europe qui l'exerce avec autant d'abondance et de générosité.

La chèreté des vivres, l'insalubrité de l'air, la mauvaise santé de mon frère, la diversité de langage me décidèrent à aller habiter les Pays-Bas. Il fallait des raisons aussi péremptoires pour me faire quitter une ville superbe, où j'avais une société charmante, qui me faisait sinon oublier les rigueurs de mon exil, charmait au moins dans le sein de l'union et de l'amitié les chagrins cuisants qui me dévoraient.

III

Je quittai donc ma charmante société, et après m'être promené plus de quatre mois sur les beaux trottoirs de Londres, je fis retenir ma place à la diligence de Douvres, mais je ne trouvai plus de diligence à huit roues, et il fallut me contenter d'une énorme et sale berline. Nous fûmes huit personnes dans l'intérieur, autant sur l'impériale et trois sur le siège du cocher, c'est-à-dire 19. Nos effets furent mis dans un grand panier derrière cette voiture, et tout cela fut traîné par quatre chevaux et quelquefois par deux. Nous vînmes sans nous arrêter jusqu'à Rochester, distant de 12 lieues de Londres.

Rochester est situé sur la Tamise avec un port. Cette ville est fort longue et assez bien bâtie, et on trouve les chantiers de Chatam à l'une de ses extrémités. C'est dans cette ville qu'on pèse les effets des voyageurs. Je fus cruellement rançonné, il m'en coûta tout autant pour le port de ma malle que pour moi-même. De Rochester jusqu'à Cantorbéry, nous parcourûmes un terrain charmant et délicieux à la vue. On voit sur sa gauche la Tamise qui va à peu de distance de là porter majestueusement son tribut à la mer, et nombre de vaisseaux rapportent les richesses des quatre parties du monde. Les terres sont très fertiles, très bien cultivées et présentent l'ensemble d'un vaste verger, couvert de pois, de fèves, de blés et de houblon.

Cantorbéry est à huit lieues de Rochester. C'est là que la diligence s'arrête pour dîner. Mais nous préférâmes aller visiter sa superbe cathédrale. Les clochers sont fort beaux, et par leur ressemblance avec ceux de Saint-Maurice d'Angers, mon église, me causèrent une douce et cruelle émotion, qu'il me serait difficile de rendre. La ville ne m'a paru ni grande ni très peuplée, mais son église principale est magnifique. C'est dans cette église que saint Thomas dit Becket fut assassiné. L'édifice est immense, la nef fort élevée et l'architecture du plus beau gothique. Un chanoine eut la complaisance de nous faire voir les trois chœurs, qui sont séparés chacun par un escalier de 15 à 20 marches, de manière que quand on est arrivé au dernier, on est à 30 pieds de la voûte. On nous fit remarquer que la pierre sur laquelle coula le sang de saint Thomas, a été coupée et enlevée en partie par les fidèles. Si cette superbe église était décorée comme quelques églises des Pays-Bas et de l'Italie, ce serait une des plus belles églises du monde chrétien. A peine arrivés à l'auberge, il nous fallut partir sans avoir le temps de dîner. Nous découvrîmes presqu'en sortant de Cantorbéry la citadelle de Douvres. Ce pays est l'opposé de celui que nous venions de parcourir, nous quittions des plaines et nous avions nombre de côtes à gravir. Nous rencontrâmes le château du duc de Dorset, qui nous parut fort beau : mais le chemin nous ennuyait fort, nous avions l'estomac vide. Deux chevaux seulement étaient attelés à notre immense *caraba* ; et pour leur donner la faculté de nous traîner, il nous fallut faire au moins la moitié de la route à pied. Enfin, nous arrivâmes exténués de fatigues à 8 h. du soir. Notre premier soin dès le lendemain matin fut de faire viser nos passeports pour avoir le passage gratis, qui nous était accordé par le gouvernement. Nous comptions partir sur-le-champ, mais il nous fallut attendre trois jours le retour des paquebots retenus par les vents contraires à Ostende.

Nous employâmes ce temps à parcourir la ville de *Douvres* et ses environs. Son port est petit et ne contient que des vaisseaux marchands. On voit de là très distinctement la côte de France, qui n'en est éloignée que de 7 lieues. Outre la citadelle qui est située très avantageusement, la ville est encore défendue par un autre fort. Douvres, comme toutes les villes d'Angleterre, est assez bien bâtie et ornée de trottoirs. Nous fûmes témoins d'un incendie qui consuma plusieurs maisons, et les malveillants ne manquèrent pas d'emblée de l'attribuer aux malheureux émigrés français. Heureusement pour nous que le coupable fut découvert et la calomnie dévoilée. La traversée ordinaire de Douvres à Ostende est de 12 heures, et nous avions fait nos provisions en conséquence ; mais nous fûmes pris d'un calme, et nous fûmes 36 heures en mer. Nous étions fort mal à notre aise, étant beaucoup trop nombreux, et nous courions le risque d'être capturés. Notre escorte consistait dans un paquebot semblable au nôtre armé de 6 canons. Nous fûmes même suivis par un corsaire que nous voyions faire tous ses efforts pour nous joindre, mais inutilement. La peur nous donna des forces, et nous nous tirâmes de presse à force de rames. On vint nous chercher dans des chaloupes à plus d'une lieue en mer. On nous conduisit à la douane pour visiter nos effets, et enfin on nous permit d'aller satisfaire aux cris pressants de notre estomac.

Pays-Bas.

M. de la Corbière prend un superbe bateau tiré par deux chevaux qui le conduit à Bruges. — De cette ville à Gand, sur une barque encore plus riche pour 30 sols. — Anvers. — Malines. — Bruxelles et ses monuments.

Ostende est un port de mer appartenant alors à l'Empereur. Ce port se prolonge par des canaux jusqu'au centre de la ville, ce qui lui donne l'aspect d'une ville hollandaise. Il reçoit de gros bâtiments, même, dit-on, des frégates de 30 à 36 canons. La ville ainsi que sa place principale sont fort jolies. Cette ville est presque neuve et par conséquent bien bâtie. On comptait au moment où j'y étais (juillet 1793), plus de 400 bâtiments anglais, tant dans son port que dans les beaux canaux qui traversent la ville. Ostende à cette époque offrait un coup d'œil imposant et militaire : 5 à 6,000 Anglais superbement vêtus et tout l'attirail de l'armée en caissons, canons, etc., étaient campés près de la ville. Ostende, sans être une place forte, est à l'abri d'un coup de main ; elle est environnée d'un fossé large et profond. Nous montâmes dans une chaloupe, qui nous conduisit par un beau canal à l'écluse où s'arrête la superbe barque qui conduit à Bruges.

Quelle fut notre surprise en apercevant le charmant bâtiment qui nous était destiné ! Jusqu'ici nous n'avions voyagé que sur des vaisseaux pleins de cordages goudronnés, nous n'y avions pour refuge que des cales bien sales, bien froides et bien malpropres, où nous étions encaissés comme des harengs. Ici nous trouvions un bâtiment vaste, élégant, doré à l'avant et à l'arrière et un charmant pavillon à la chinoise sur le pont, pour mettre les voyageurs qui veulent respirer l'air à l'abri des rayons brûlants du soleil ou des injures de la pluie. Si l'on descend, deux escaliers fort commodes vous conduisent à deux appartements parfaitement décorés, au milieu desquels est une cuisine et un office de la plus grande propreté. L'appartement du devant est une fort belle salle à manger, environnée de bancs. Celui de l'arrière est un charmant salon de compagnie, doré, sculpté, plafonné, tapissé en velours, et des sophas. des fauteuils et des glaces en forment l'ameublement. Si l'on veut jouer. une grande table couverte de drap vert vous invite à vous satisfaire. C'est dans de pareilles voitures qu'on arrive à Ostende. Bruges, Gand, Anvers. Après avoir visité ce joli château ambulant, nous vînmes sur le pont jouir d'un coup d'œil qui nous était nouveau. Deux chevaux tiraient notre bâtiment sur un superbe canal. orné de chaque côté d'une levée plantée de beaux arbres. de manière que nous voyagions en bateau au milieu d'une belle avenue de cinq lieues de longueur. Nous voyions à chaque instant des villages. des bosquets, des prairies couvertes de troupeaux. Dans quelques endroits, le niveau de notre canal était plus élevé que les prairies adjacentes. Enfin c'était véritablement un tableau mouvant, ou plutôt un changement de décoration continuelle. Nous arrivâmes donc sans nous en douter. tant le chemin nous semble court et agréable ; et ce qui ne nous déplut pas davantage. c'est qu'il ne nous en coûta pour le port de nos personnes et de nos effets que 4 sols par tête, argent du pays, ce qui équivaut à 8 sols, argent de France.

Bruges. — Cette ville est grande et assez bien bâtie, mais les maisons y sont toutes construites à la façon de ce pays, c'est-à-dire qu'elles ont le pignon sur la rue. La place principale de Bruges est vaste. et on y construit de beaux édifices. C'est ici qu'on trouve le beffroi, où est le carillon qui sonne à tous les quarts d'heure. de telle sorte qu'il sonne au moins la moitié du temps et finit par étourdir et impatienter. Ces sortes de carillons sont fort en usage en Flandre et en Hollande. Les boulevards et les alentours de Bruges sont charmants : mais ce que nous trouvâmes encore de bien plus agréable. ce fut d'entendre parler notre langue. sinon par tout le monde au moins par quelques-uns. de retrouver à peu près les mœurs et les usages français, d'y trouver un peuple doux et religieux. qui. au lieu de nous molester comme en Angleterre. s'empressait au contraire à nous être utile. Cette ville n'est plus aussi opulente qu'elle le fut jadis sous les ducs de Bourgogne. Son commerce alors était énorme ; Anvers le lui enleva. et Amsterdam l'a ravi à Anvers. On compte à peine actuellement 30,000 âmes à Bruges. La cathédrale de Bruges est une église ancienne et fort mal bâtie. Le chœur fait un angle avec la nef. ce qui pro-

duit un fort mauvais effet. En revanche, les deux collégiales sont
fort belles : Saint-Sauveur surtout renferme de superbes statues,
entr'autres un Père éternel qui passe pour un chef-d'œuvre. L'é-
glise des Jésuites et l'abbaye des Dunes sont deux églises neuves,
fort belles, et riches en sculptures et en tableaux.

Après avoir passé deux jours à Bruges, nous prîmes la barque
qui conduit à Gand. Tout ce que j'ai dit de celle qui conduit d'Ostende ici, convient à celle-ci, à cela près que celle de Gand est encore beaucoup plus riche, qu'on y fait un dîner de gourmand et
qu'on y est transporté moyennant 30 sols, de brabant. Plus on
avance dans les terres de cette riche contrée, plus le pays est abondant. Nous voyagions toujours sur un superbe canal de 80 pieds
de large, ayant de droite et de gauche de superbes levées plantées
d'arbres. Les villages y sont très multipliés, des barques pleines de
monde nous croisaient à chaque instant, et tout annonce la richesse et la population de ce beau pays. Après notre excellent dîner, nous aperçûmes dans le lointain les clochers de Gand, qui servaient de point d'optique au canal. Plus nous approchions, plus
l'œil était flatté de la perspective. Nous arrivâmes bien frais et courûmes la ville.

Gand, ville immense et capitale de l'ancienne Flandre. Elle est
bâtie dans une belle plaine. Les rues y sont généralement larges
et alignées. Plusieurs canaux traversent la ville et sont ornés de
beaux quais. Les boulevards en sont charmants et offrent des
points de vue très pittoresques. L'hôtel-de-ville est fort beau, mais
la cathédrale Saint-Bavon est d'une richesse incroyable. Le marbre, le cuivre doré, les statues, les tableaux y sont si nombreux
qu'on ne sait lequel admirer ; mais quand on porte la vue sur la
chaire, on s'y fixe malgré soi. Elle est d'une grandeur prodigieuse,
en bois étranger travaillé admirablement, et la partie supérieure
est en marbre blanc doré et sculpté à faire le plus grand plaisir.
L'abbaye de Saint-Pierre est une église neuve appartenant aux chanoines réguliers, où les richesses brillent de toutes parts. Le réfectoire et la bibliothèque y sont de la plus grande beauté ; le réfectoire surtout étonne et frappe par sa richesse et son élégance, mais
il a un grand défaut, selon moi, c'est d'être beaucoup trop magnifique pour des religieux. La population de Gand est de 75,000
âmes.

Après avoir passé quelques jours à Gand, nous louâmes une voiture, qui nous conduisit à Anvers. Nous dinâmes dans un soi-disant bourg, nommé *Saint-Nicolas*, mais qui pourrait passer partout pour une très jolie ville. Pour arriver à Anvers de ce côté-ci, on est obligé de passer l'Escaut en bateau, faute de pont. Ce fleuve est magnifique par sa largeur et surtout sa profondeur, et on n'est pas peu surpris de le trouver si majestueux après l'avoir vu si faible et si humble à Gand.

Anvers. — Grande et belle ville des Pays-Bas. Ses rues sont en général larges et meublées de forts beaux hôtels. On compte dans cette ville plus de 200 équipages, aussi la nomme-t-on « Anvers la riche. » La « rue de la Mer » est la plus belle, elle a 150 pieds de large. Au haut de cette rue est un christ doré qui attire l'admiration des étrangers, tant pour sa grandeur que pour ses proportions. La cathédrale est une des églises du monde chrétien la plus riche et la plus opulente en tableaux. L'église est fort belle par elle-même ; un fort beau dôme, double bas-côté, le chœur et la nef décorés de tout ce que l'art et la richesse peuvent offrir, rendent cet édifice aussi noble que majestueux. Tout cela cependant est oublié quand on fixe la vue sur la *Descente de Croix* de Rubens, l'*Ascension de Notre-Seigneur* par Van Dick et nombre d'autres tableaux. J'avoue que je sentis une impression si vive en fixant mes regards sur la *Descente de Croix*, que je ne vis plus que cela. Ce savant peintre a rendu l'attitude de notre Sauveur d'une façon si touchante, ses plaies, ses bras ; les personnages qui l'environnent sont si attristés et si naturels que tout parle et excite la douleur. Rubens a peint dans ce tableau sa femme et sa fille, et s'y est peint, dit-on, lui-même. Enfin si cette basilique est superbe, elle renferme tant de trésors en peinture, qu'on oublie facilement l'élégance et la majesté de l'édifice, pour s'occuper des images parlantes. — L'abbatiale de Saint-Michel renferme aussi une collection immense de tableaux. Le réfectoire de ces bons religieux est vaste et voûté, et de la voûte jusqu'à terre tout est rempli de chefs-d'œuvre des maîtres flamands. Si ce réfectoire n'est ni si magnifique ni si élégant que celui de Saint-Pierre de Gand, il est plus religieux et beaucoup plus riche. La citadelle est encore assez forte ; on y voit une petite chapelle, où il y a des statues en marbre blanc fort précieuses. A l'entrée du cloître des Jacobins, on est surpris de voir un christ élevé d'une quarantaine de pieds, accompagné des douze apôtres, de grandeur colossale ; ils sont sur deux rangs et s'abaissent graduellement, jusqu'à l'entrée d'une grotte en rocaille, où l'on voit la représentation du Purgatoire, qui saisit et fait vraiment impression. Anvers a un hôtel-de-ville magnifique, une flèche superbe prodigieusement élevée et très artistement travaillée.

Malines, à cinq lieues d'Anvers et autant de Bruxelles, avec un archevêché. Cette ville est d'une médiocre étendue, mais bien bâtie et surtout très propre, ce qui lui a mérité le surnom de *Malines la propre*. La cathédrale est belle, mais n'est pas comparable à celles de Gand et d'Anvers. La population y est peu considérable, à en juger par le peu d'habitants qu'on y rencontre dans les rues. Le jardin de la Commanderie appartenant au comité de Colloredo, ainsi que l'Arsenal, méritent l'attention du voyageur. J'y ai vu une petite église aussi élégante que propre, dont la chaire à prêcher m'a frappé singulièrement : elle est si artistement travaillée que le tout semble être d'un seul morceau, quoique l'arbre de la science du bien et du mal, et Adam et Eve y soient représentés avec les signes de la douleur la plus profonde. Eve se couvre le visage à moitié, et on y lit la confusion. Il n'est pas jusqu'au serpent qui ne cherche à se cacher en terre.

La même diligence qui nous avait amenés d'Anvers, nous conduisit par une belle allée à deux lieues au-delà de Malines, où nous prîmes la barque qui nous porta à Bruxelles. Le canal est de la même longueur que ceux dont j'ai déjà parlé, et le bateau est traîné de la même manière, le pays délicieux comme dans toutes ces fertiles contrées. Mais tout annonce ici qu'on approche d'une capitale. De charmants châteaux, parés pour la plupart de jardins bien tenus, servent de décoration au canal qui les embellit. Le superbe château de *Laëken*, habitation ordinaire des archiducs gouverneurs des Pays-Bas, se présente sur la colline voisine du canal, et une superbe prairie, ornée de bosquets, de pavillons, de petits jardins, descend en pente douce jusqu'au canal. A peine a-t-on quitté ce magnifique château qu'on se trouve au milieu de cette superbe allée verte qui fait les délices des habitants de Bruxelles: elle a six rangs d'arbres magnifiques d'un côté, et trois de l'autre, et Bruxelles pour perspective. Le point de vue est fort renommé et frappe tous les étrangers.

Bruxelles, capitale du Brabant. — D'après l'idée que je m'étais formée de cette ville, je fus singulièrement surpris en la traversant de ne rien voir qui répondit au tableau que je m'en étais formé. Des rues tournantes sans cesse, hautes et basses, des maisons fort ordinaires, des rues fort sales : telles furent mes premières observations. Cependant si l'ensemble de cette ville n'est pas aussi beau qu'on avait voulu me le persuader, il y a toutefois des quartiers qui feraient honneur aux plus belles villes. Je vais entrer dans ces détails.

Le terrain sur lequel est bâti Bruxelles, est fort inégal. La moitié de la ville est bâtie sur une belle plaine aux deux côtés de la petite rivière de Senne, qui se divisant en plusieurs branches y forme plusieurs îles. L'autre moitié est sur un côteau. La partie la plus élevée de la ville est de 36 toises au-dessus du niveau de la rivière. Ce côteau a plusieurs vallons, ce qui ajoute à l'inégalité du terrain. Bruxelles est donc en général mal percé, il y a bien quelques belles rues, mais la plupart sont étroites et tortueuses. Le circuit de cette ville est d'une lieue et demie en dedans des remparts, ils sont presque tous plantés de beaux arbres, qui forment des promenades bien aérées, pittoresques et charmantes. On trouve à Bruxelles le palais royal, logement des archiducs, un palais archiépiscopal, sept paroisses, une collégiale, dix couvents, plus de soixante hôpitaux, un très grand nombre de beaux hôtels, une académie des sciences, une académie de dessin, des cabinets de physique et d'histoire naturelle, une bibliothèque publique, trois prisons, huit portes de ville, plus de vingt ponts, quatre bassins où remontent les bateaux, de beaux quais, quelques fontaines publiques, dix places où l'on voit des statues magnifiques ou curieuses, 14.500 maisons et 90.000 habitants.

Le parc est situé dans la partie la plus élevée de la ville. C'est une belle promenade, décorée d'un grand nombre de statues et de bustes, dont la plupart sont bien faits et dignes d'attention. On entre dans cette promenade par plusieurs portes de fer. L'entrée principale est du côté de la place royale. On y voit avec plaisir la colonade de la chapelle de la Cour et la superbe statue pédestre de

Charles. Le parc est fort bien dessiné et planté d'arbres magnifiques qui donnent de la fraîcheur contre les rayons brûlants du soleil. Il est entouré d'hôtels superbes, qui forment quatre rues, et quoique tous ces hôtels ne soient pas d'une égale beauté, l'ensemble forme un magnifique tableau. C'est là que figurent l'hôtel du Conseil de Brabant, celui de la Chambre des Comptes, celui du Chancelier. La colonade de la façade du Conseil de Brabant sert de perspective à la principale allée du parc, et tous ensemble ne forment qu'un seul plan d'architecture vraiment magnifique.

La place de l'hôtel de ville est vaste et ornée de beaux bâtiments. On y remarque principalement l'Hôtel de Ville. Il est construit dans le parc gothique, et on le donne comme le plus bel édifice de cette espèce qui soit dans les Pays-Bas. Il est surmonté d'une tour en forme de flèche prodigieusement élevée et travaillée avec toute la légèreté et l'art imaginable. Elle est terminée par une statue dorée de saint Michel foulant aux pieds le dragon. On assure qu'elle a 17 pieds de hauteur, quoique vu sa prodigieuse élévation elle semble de grandeur naturelle. Les revenus annuels sont de 750.000 florins.

L'hôtel des Brasseurs est orné de colonnes et de différents morceaux de sculpture dorés. On voit avec étonnement sur la partie la plus élevée du toit la statue du prince Charles, le Henri IV des Brabançons.

Les habitants du pays vous font admirer une petite statue de bronze semblable à un petit amour (C'est une fontaine en même temps). On l'a baptisée *maneque pisse* autrement *le petit homme qui pisse*. Les jours de fête, cette petite statue est décorée de presque tous les ordres de l'Europe e a une perruque bien frisée, des gardes et des valets de chambre.

Les mœurs des Bruxellois sont douces. Ils sont bons, francs, crédules, peu spirituels. Ils aiment leur Constitution avec passion, et pardessus tout la religion catholique. La richesse des églises prouve à quel point le peuple est religieux. Quelques autels ainsi que les tabernacles sont d'argent massif. Celui qu'on élève à sainte Gudule à la Kermès, étonne par son opulence. On trouve à Bruxelles beaucoup de statues et de tableaux d'un grand prix, à sainte Gudule, à Notre-Dame-du-Sablon, aux Carmes et aux Capucins. La langue naturelle est le flamand, mais presque tout le monde parle mauvais français. Il est peu de villes où l'on rencontre autant de nains, de torts et de pigmées. C'est, dit-on, à la manière dont on élève les enfants dans leur jeunesse, qu'on doit cette race informe de l'espèce humaine. On dresse dans ce pays les chiens à traîner de petites voitures, on tourmente cruellement ici les pauvres animaux, on rencontre à chaque pas quatre gros chiens attelés qui traînent 14 à 1500 livres et leur brutal maître par surcroît.

Hollande.

Le chanoine Angevin part de Bruxelles pour la Hollande. — Dordrecht.— Rotterdam. — Delft. — La Haye. — Scheveningen.— Leyde.— Amsterdam. — Saardam.— Broeck. — Mœurs et coutumes des Hollandais. — Haarlem. — Utrecht. — Le frère du chanoine meurt à Spa. — Bois-le-Duc. — Bréda.

(Aout-Septembre 1794).

Malgré le désir que j'avais de parcourir la Hollande, cette partie si intéressante de l'Europe, la raison mettait un frein à ma curiosité, et il ne fallut rien moins que la circonstance impérieuse qui se présenta pour me décider à diminuer encore les faibles ressources qui me restaient. Mon pauvre frère (1), qui m'avait quitté depuis deux mois pour aller chercher aux eaux de Spa un soulagement aux coliques affreuses qu'il éprouvait, désirait ardemment faire ce voyage. Il se croyait à peu près rétabli, et il s'imaginait que le voyage et la dissipation termineraient enfin sa pénible convalescence. Je cédai donc à ses instances, et partis pour le rendez-vous indiqué, à Maëstricht, où je trouvai un de mes cousins et un de mes amis qui furent du voyage. Je ne trouvai pas mon malade aussi bien que je l'avais imaginé, mais il voulait absolument voyager. Il fallait lui obéir.

Je quittai donc Bruxelles le 18 août 1793. La première ville qui se présenta sur ma route fut Louvain.

Louvain, ville célèbre par son Université, dispute à Bruxelles le titre de capitale du Brabant; elle ne peut y être comparée que par son étendue, mais nullement par sa population ou la beauté de ses édifices. La chose, l'unique chose, remarquable à Louvain c'est son Université célèbre dans toute l'Europe. Le bâtiment en est vaste, les salles où se trouvent les écoliers sont belles, celle de théologie est immense, celle de médecine est ornée de tableaux. La bibliothèque y est nombreuse et renferme des ouvrages précieux.

Tirlemont et *Saint-Trond* sont deux petites villes dont je ne parlerais pas, sans la fameuse bataille de Nerwinde, qui eut lieu entre ces deux villes précisément, cinq mois auparavant. Nous vîmes les positions des deux armées et le champ de bataille où périrent tant d'innocentes victimes de nos malheurs.

Tongres. — Cette ville a bien perdu de son ancienne splendeur, si on en juge par les vestiges de ses antiques murailles qui s'étendent encore à plus d'une lieue en demi-cercle au-delà des faibles murs qui l'enferment aujourd'hui. Sa grandeur, sa population, son commerce en faisaient alors une des plus puissantes villes de l'Europe. Aujourd'hui ce n'est plus qu'une misérable petite bicoque qu'à peine on connaît. Tel est le sort des villes et des empires : ainsi que les hommes, ils croissent, mûrissent, vieillissent et finissent.

Les vingt grandes lieues qui séparent Bruxelles de Maëstricht sont remplies de riches plaines parfaitement cultivées, et semées de villages et d'habitations, qui annoncent l'opulence du pays et la fertilité du sol.

Maëstricht est une jolie ville et forteresse, moitié hollandaise et moitié à l'évêque de Liège, qui y a un bourgmestre. Les redoutes et les fortifications de cette ville sont entretenues avec tant de soin, qu'elles semblent neuves. Maëstricht peut être regardé comme le boulevard de la Hollande du côté de la France. Elle est située sur la Meuse. J'en parlerai plus amplement à mon retour.

Nous partîmes à deux heures du matin, mes trois camarades et moi, par la diligence de Bois-le-Duc ; et quand Phébus vint nous éclairer de ses rayons, nous nous crûmes dans un désert. Des landes immenses séparent Bois-le-Duc de Maëstricht, et dans une espace de vingt lieues on rencontre rarement des bourgs ou terres cultivées. Tout est sable, bruyères, terres arides ou incultes, telle est en grande partie la campagne hollandaise. A une lieue de Bois-le-Duc, la nature change de face. C'est là véritablement que commence la Hollande, et où l'on rencontre les premiers châteaux, les jardins délicieux qui couvrent la surface de la Hollande. Nous en rencontrâmes deux dans ces environs, qui récréèrent d'autant plus notre vue qu'elle était plus attristée par l'affreuse stérilité du malheureux pays que nous venions de parcourir. Nous passâmes près du fort Isabelle qui défend l'approche de Bois-le-Duc, c'est d'ailleurs le seul endroit par où cette ville soit accessible de ce côté, et de là jusqu'à la ville, qui en est distante d'une demi-lieue, on est toujours sur une chaussée élevée de plusieurs pieds au-dessus des marais ; encore l'eau passe-t-elle souvent, dit-on, pardessus cette route. Je remets aussi à mon retour à parler plus au long de Bois-le-Duc et de ses environs, et je continue ma marche.

Nous prîmes donc dès le lendemain la barque qui conduit à Rotterdam. D'après nos renseignements, nous nous flattions qu'en partant le matin nous y arriverions le soir, et nous fîmes nos provisions en conséquence. Notre erreur ne fut pas de longue durée, et bientôt nous nous trouvâmes à la diète pour toute nourriture. Je m'en consolai bien volontiers pour mon compte. L'estomac délabré de mon pauvre frère ne pouvait rien digérer, et il n'était pas assez le maître de commander à son appétit. Il y fut forcé pour cette fois, aussi se portait-il à merveille le lendemain en arrivant à Rotterdam. Mais ce qui nous désespérait, c'était d'être entassés les uns sur les autres, dans une misérable baraque où nous ne pouvions pas bouger, d'être enfin encombrés au milieu d'une compagnie dont l'odorat et l'accoutrement nous avertissaient qu'infailliblement nous y gagnerions autre chose que l'appétit. Il fallut prendre son parti en brave et chercher à dissiper son ennui, en examinant les différents sites qui se présentaient à nous. — Le fort Crève-Cœur se trouve à deux lieues de Bois-le-Duc et défend l'entrée de la Meuse. Nous passâmes au travers, et de là nous arrivâmes dans les eaux de la Meuse. Je m'étais persuadé que cette rivière était dans cet endroit beaucoup plus majestueuse, et je ne la trouvai pas plus forte que la Seine à Paris, mais bientôt son lit s'élargit et elle double de force et de rapidité. Nous découvrîmes sur la rive gauche de la Meuse la ville de *Heusden*, située sur une éminence et qui communique avec le fleuve moyennant un canal. Peu après nous arrivâmes à l'embouchure du Vaal, une des principales branches du Rhin. Sa masse triple les eaux de la Meuse, qui ressemble plutôt alors à un bras de mer qu'à un fleuve. Nous vîmes aussi avec plaisir Gorkum et Volcum, deux jolies petites villes qui embellissent les bords de ce fleuve. Un peu au-dessous se trouve le château de Loresten. La nuit vint alors fort mal à propos nous couvrir de ses ténèbres épaisses, et, toute belle qu'elle fût, nous n'y voyions pas suffisamment pour pouvoir jouir de la seule ressource qui nous restât contre les cris importuns de notre estomac, et les exhalaisons fétides qui se répandaient autour de nous, nous forçaient souvent d'abandonner la partie et de chercher refuge ailleurs, mais inutilement. Le pont, la cale, la chambre, tout était plein. Les uns couchés ronflaient tout à leur aise, d'autres épaississaient l'air en fumant leur pipe. Enfin quelques-uns s'égayaient à boire, à chanter et à raconter leurs hauts faits. Il fallut prendre patience, tantôt sur le pont d'où la rosée et le froid nous chassait, tantôt à la cale ou dans la chambre d'où les vapeurs fermentées des pipes, de l'eau-de-vie et du vin nous forçaient bientôt de déguerpir. Enfin l'aurore avec ses doigts de rose vint alléger nos maux. Nous passâmes à portée de fusil de *Dordrecht*. Ses fortifications sont peu de chose, mais des rues bien alignées, des bassins, des arbres plantés le long des quais, des promenades au bord de la Meuse rendraient ce séjour fort agréable s'il n'était exposé aux inondations subites de la mer et si on n'apercevait pas encore dans son voisinage les traces cruelles d'un pays assez vaste qui a subi le joug des eaux et forme les trois quarts de l'année un lac immense. La Meuse se divise ici en deux bras, dont l'un va au couchant se jeter dans le Mœrdick, et l'autre va au nord baigner les murs de Rotterdam. Ce fut donc sur celui-ci que nous voyageâmes. A peine y fûmes-nous, que nous ne vîmes absolument que de l'eau et des roseaux, mais bientôt nous aperçûmes des moulins à vent, des clochers, le toît de quelques maisons, quelquefois même nous entendions parler sans voir personne, pas même la terre. Ceci nous parut fort étrange au premier coup d'œil, mais il ne nous fallut pas faire un grand effort d'imagination pour deviner que de fortes digues étaient cachées par les roseaux, et que les arbres et moulins étaient plan-

tés sur un terrain volé aux eaux. Pour décrire ce pays jusqu'à
Rotterdam et même la majeure partie de la Hollande, il faudrait
un crayon plutôt qu'une plume. Ce pays ne ressemble qu'à lui-
même, il faut le voir pour en avoir une idée. Bientôt nous aperçûmes dans le lointain les palais et les clochers de Rotterdam, et
nous eûmes pour perspective le point de vue le plus magnifique et
le plus pittoresque qu'on puisse imaginer. Nous voyions en face le
superbe quai Bombis, baigné par les eaux d'un fleuve énorme. Ce
quai, qui a plus d'une demi-lieue de long, est orné des hôtels de
l'Amirauté, de la Compagnie orientale et occidentale. De distance
en distance, de superbes canaux entrent dans la ville, et les
vaisseaux suivent le canal qui les conduit à la porte de leur maître.
Sur la rive droite une promenade magnifique, sur la gauche des
îles remplies de promenades délicieuses, telle m'a paru l'arrivée
de Rotterdam.

Rotterdam est une grande et superbe ville, la plus plus peuplée
et la plus riche de la Hollande, après Amsterdam. Les canaux sont
très multipliés dans cette ville et en rendent le commerce très facile. Chaque négociant a ses vaisseaux à sa porte, et peut les charger et les décharger à son aise. Les ponts sont aussi très nombreux
en proportion et établissent les communications. Les voitures et
les bâtiments s'y disputent quelquefois le passage, le premier arrivé passe et l'autre attend que son tour vienne. De beaux quais
plantés d'arbres bien taillés ornent toutes ou presque toutes les
rues de Rotterdam. Toutes ne sont pas également larges, et les canaux sont à proportion. Tel canal a plus de cent pieds de large, et
les quais chacun cinquante. Tel autre canal n'a que 15 à 20 pieds
de largeur, et les quais à l'avenant. Les maisons sont généralement
bien bâties, mais presque toutes en brique. On est tout émerveillé
au premier coup d'œil de voir une ville hollandaise, mais bientôt on
s'y habitue et on finit par s'ennuyer de voir toujours des canaux,
des quais, des arbres dans les rues qui ôtent le jour aux maisons et
empêchent l'étranger d'en voir les façades. On s'aperçoit facilement
que le goût hollandais est de vivre isolé dans sa maison. Toutes les
croisées du premier étage sont toujours soigneusement fermées, et
ils ont l'air mécontent s'ils aperçoivent qu'on veuille regarder dans
l'intérieur de leurs habitations. Il n'est pas possible de pousser plus

loin la propreté qu'en Hollande. Les servantes sont occupées toute l'année à laver, savonner non seulement le pas de la porte et l'escalier qui sont ordinairement en marbre, mais même les trottoirs de la rue. Il n'est pas jusqu'à la façade de la maison qui ne soit lavée et arrosée au moins une fois la semaine, au moyen de pompes. Malheur alors au pauvre étranger qui ne s'en doute pas, un déluge d'eau l'en instruit à ses dépens. Toutes les maisons conservent donc un certain air de fraîcheur et de nouveauté ; elles sont toutes bâties sur pilotis, et les murs en sont si minces que la plupart penchent sensiblement.

Nous fîmes le tour des boulevards, que nous trouvâmes partout plantés de superbes allées et d'arbres encore mieux taillés. On y voit de beaux édifices, mais surtout des jardins fort élégants et des parterres parés des plus belles fleurs. Nous désirions bien vivement pouvoir visiter les magnifiques hôtels de l'Amirauté et ceux des Indes orientales et occidentales, mais il ne nous fut pas possible de satisfaire nos désirs. Notre curiosité nous conduisit vers les bassins de construction, où nous comptâmes plusieurs vaisseaux depuis 30 jusqu'à 64 canons. La Bourse est aussi un fort bel édifice dans le même genre que celui de Londres. Nous fûmes aussi visiter l'église catholique : c'est une superbe chapelle qui a quelque ressemblance avec celle de Versailles. Nous entendîmes le carillon qui nous joua douze airs de midi à 1 heure. Enfin, après nous être bien fatigués et vu bien des quais, des canaux, des ponts et des arbres, nous regagnâmes tranquillement notre gite.

Le lendemain, nous fûmes visiter les chantiers de construction extérieurs et les brasseries de genièvre à Delfhaven, distant de Rotterdam d'une demi-lieue, dont ce village n'est séparé que par une superbe prairie. Nous y vîmes un vaisseau de 64 canons en construction et des matériaux immenses. Les brasseries de genièvre sont fort intéressantes et nous donnèrent une haute idée de l'opulence de ceux à qui elles appartiennent. Une superbe avenue nous conduisit au quai Bombis en suivant les bords de la Meuse, et de là à la superbe promenade qui se prolonge le long de ce beau fleuve. Nous n'oubliâmes point d'aller rendre hommage à la statue et place d'Erasme, et on nous montra la maison que ce savant avait habitée. Toutes ces courses faites, nous partîmes pour Delft. Nous logeàmes à Rotterdam, à l'Horloge, nous y fûmes passablement et à bon compte.

La distance de Rotterdam à Delft n'est que de deux lieues, et nous découvrîmes fréquemment quelques châteaux situés sur de petites élévations qui les mettent à l'abri des inondations et qui leur donnent de loin un air de majesté. Les chevaux qui traînaient notre bateau, allaient grand train, et bientôt notre petit trajet fut franchi.

Delft est une jolie petite ville, fort propre et très bien bâtie. On y remarque la maison de ville, la grande église où se trouvent les tombeaux de l'amiral Tromp, de Pierre Heyn et d'Elisabeth Van Mœrix, l'église neuve, qui a un carillon composé de plus de mille cloches et où l'on voit les mausolées de Guillaume Ier prince d'Orange et de Grotius. Celui de Guillaume est d'une grande beauté. Il est représenté couché, son chien à ses pieds. La Justice, la Religion, la Constance et la Paix sont aux quatre coins du mausolée. Toutes ces statues sont en bronze, et le massif est en marbre blanc, orné de sculptures et de bas-reliefs travaillés avec la plus grande dextérité. Ce superbe monument, qui fait l'admiration de l'étranger, sera bientôt dégradé, si on ne prend soin de réparer le toit, d'où il tombe des torrents qui l'ont déjà gâté en divers endroits. On trouve aussi dans cette ville l'arsenal de Hollande et de Westfrise, mais il ne nous fut pas permis d'y entrer, rapport à la guerre. Après avoir fait le tour des remparts de cette charmante petite ville, nous montâmes dans la barque qui conduit à La Haye ; la pluie et le vent ne nous permirent pas d'admirer les campagnes qui l'environnent de ce côté. A peine fûmes-nous arrivés à La Haye que le ciel s'éclaircit et nous permit de courir. Dès nos premiers pas, je fus assez heureux pour rencontrer un de mes anciens amis ; il voulut bien nous servir de guide et nous fut d'un grand secours.

La Haye est une grande et superbe ville. Les Hollandais ne s'en obstinent pas moins à l'appeler « village », parce qu'elle n'est point environnée de murs et n'a point de représentants aux Etats Généraux. Cette belle ville n'en doit pas moins être regardée comme la capitale des sept provinces. C'est le siège des Etats, la résidence du Stathouder, premier magistrat de la République, et le domicile des ambassadeurs. On remarque le palais du prince, où

on admire un très beau cabinet d'histoire naturelle et une galerie
de tableaux. Les principales places publiques sont : la Plaine, le
Buystenbot et la place à l'extrémité de laquelle se trouve une promenade magnifique nommée le Vorhault ou le Vivier. Près de cette
place, en face d'une superbe pièce d'eau coulante et limpide, est le
palais où s'assemblent les Etats. Les principaux canaux sont le canal de la princesse Héere Gragt et celui du prince Gragt. On voit
sur le dernier une vaste maison qui sert de refuge aux filles de
mauvaise vie, ainsi qu'une autre destinée à loger 60 vieilles femmes. Celle-ci est divisée en 60 petites maisons, curieuses par leur
propreté et leur belle disposition. La promenade du bois qui conduit au château du même nom, est de la plus grande beauté : de
superbes allées en tout sens, de belles prairies environnées d'arbres majestueux, par ci par là de beaux canaux bordés d'avenues
vous conduisent, sans vous en apercevoir, au château quoique la
distance soit de près d'une lieue. Le château du Bois est la maison
de campagne du Stathouder. Il fut bâti par la princesse Amélie de
Salm. Ce château vu extérieurement annonce beaucoup de logement, mais n'offre rien d'imposant et de magnifique. Nous vîmes
tout à notre aise toute la famille du Stathouder prendre le thé dans
une allée verte ; mais comme ils ne nous offrirent pas de partager leur déjeûner, nous revinmes à la ville. Chemin faisant, nous
visitâmes la fonderie de canons, nous en vimes couler et forer plusieurs. Le palais du prince méritait aussi notre attention, et nous
le trouvâmes intérieurement beaucoup plus élégant qu'il ne l'est
extérieurement, quoiqu'il soit vaste et régulier, mais trop simple et
sans aucune décoration d'architecture. Revenons à l'intérieur. Les
tableaux, les dorures, le bronze, le marbre, les glaces et les tapis-
series se disputent l'ornement de ce palais. On peut dire que si les
appartements du Stathouder n'ont ni cette majesté ni cette élégance
qu'on admire à Versailles, ils sont peut-être plus commodes et surtout d'une propreté admirable. Notre curiosité nous porta ensuite
à la salle des Etats Généraux. Cette pièce est immense et élevée à
proportion : au milieu, il y a des tables et des sièges pour les représentants des provinces, et au milieu de cette salle est le fauteuil
du Stathouder. La Paix et la Guerre sont deux tableaux qui se servent de pendant et qui servent de décoration à cette vaste salle.

La principale église est la grande église où se trouve le tombeau de Jacques Vaesnaër, amiral de Hollande. Les Arméniens ont un temple, les Juifs deux synagogues. Les catholiques n'ont que des chapelle particulières : les principales sont celles d'Espagne et de Portugal.

Scheveningen est un village distant de trois quarts de lieu de La Haye et situé au bord de la mer. Une fort belle promenade y conduit, mais on me l'avait faite si magnifique que je n'y trouvai plus rien d'extraordinaire. Une superbe avenue d'une grande demi-lieue, plantée d'arbres bien taillés ayant pour point de vue le clocher de Scheveningen, une route pavée au milieu et deux contre-allées bien tenues composent toute sa magnificence ; car pour les autres allées qui se trouvent en y entrant, elles ne sont ni soignées ni peignées et n'offrent rien d'agréable ni à la vue ni à l'odorat. Nous vîmes dans l'église de Scheveningen la mâchoire inférieure d'une baleine attachée à la muraille. Nous visitâmes à notre retour l'orangerie, les grottes et le jardin anglais de **M.** le comte de Béting. Ils sont charmants et très bien tenus, mais nous fûmes étrangement surpris qu'avec des dehors aussi élégants le maître n'eût pour habitation qu'une petite maison à peu près neuve, d'un seul étage et de six croisées de face. Cela nous apprit que le Hollandais aime les promenades vastes et les petites maisons.

La Haye peut sans contredit passer pour une des plus belles villes de l'Europe, tant par la beauté de ses rues et des édifices qui les composent, que par la magnificence de ses quais et des promenades délicieuses qu'on y rencontre à chaque pas. Après avoir passé quelques jours dans cette charmante ville, nous prîmes la route ou plutôt le canal qui conduit à Leyde. Cette manière de voyager propre à la Hollande et à quelques villes des Pays-Bas est aussi agréable que commode et peu dispendieuse. Ces barques sont vastes, garnies de coussins et de vitraux qu'on peut ouvrir et fermer à volonté. Tout Hollandais peut parcourir tout son pays sans faire un pas, s'il le désire. Je me trouvais donc d'autant mieux de cette voiture que la santé de mon malheureux frère commençait à me causer les plus vives inquiétudes. Ses coliques, au lieu de se calmer, devenaient de jour en jour plus aiguës, et son estomac au lieu de se rétablir ne faisait plus ses fonctions. Il désirait ardemment lui-même arriver à Spa, où il se flattait de trouver du soulagement ; et il commençait à sentir que les fatigues du voyage, au lieu de calmer ses douleurs, ne faisaient que les irriter.

Le superbe canal sur lequel nous voguions était meublé de magnifiques châteaux, de jardins délicieux. Ce genre nous était si nouveau que nous ne pouvions nous rassasier de voir des rotondes, des cabinets chinois, des vergers, des jardins anglais, des bustes, des statues, des charmilles qui ne cessaient presque pas de nous suivre. Celui-ci toutefois n'est pas comparable à celui d'Amsterdam à Utrecht. Nous franchîmes en trois heures la distance de La Haye à Leyde, et ces trois heures passèrent comme un charmant songe.

Leyde, grande et superbe ville, célèbre par son Université, est l'une des plus anciennes de la Hollande. L'église principale est celle de Saint-Pierre. Joseph Scaliger est enterré dans l'église Notre-Dame, qui sert aujourd'hui de temple aux Français et aux Wallons. On prétend que c'est dans cette ville que fut mis en circulation pour la première fois le papier-monnaie, lors du fameux siège que cette ville soutint contre les Espagnols en 1374. L'entretien de l'Université coûte actuellement 58.000 florins. Ces écoles publiques sont fort belles, on voit au-dessus une tour qui sert d'observatoire. L'école de médecine est très renommée. Le cabinet d'histoire naturelle, la salle d'anatomie et les jardins botaniques méritent l'attention des curieux. Les bâtiments les plus remarquables sont : la halle aux draps, la halle aux soies, la maison des orphelins, l'hôtel de ville et l'hôtel du prince. Ce dernier était autrefois une maison de religieuses. Il y a au milieu de Leyde une élévation nommée le Brugt, qu'on dit avoir été formée par les Saxons : on découvre de là un horizon immense. A deux lieues de cette ville, on voit le village de Katwïyk, auprès duquel se perdent les eaux du Rhin. Leyde est encore étonnant par la grande propreté de ses rues ; elles sont généralement larges, bien alignées, plantées d'arbres et percées par de beaux canaux. Leyde passe pour la plus grande ville de Hollande après Amsterdam, mais sa population ne répond pas à son étendue.

La santé toujours plus délabrée de mon pauvre malade et ses instances réitérées d'abréger notre voyage nous décidèrent à partir par la barque de Leyde à Amsterdam, au lieu d'aller de Leyde à

Harlem, comme c'était d'abord notre projet. Cette marche nous faisait gagner un jour. mais nous offrait le désagrément de partir à 9 heures du soir. Nous comptions du moins pouvoir y dormir à notre aise, mais il en arriva tout autrement.

Les Westphaliens viennent ordinairement tous les ans aider les Hollandais à faire leur récolte, et nous nous embarquâmes ici un dimanche, précisément le jour où grand nombre de ces Westphaliens attendaient une barque pour profiter de son départ. Enfin arrivant à notre barque nous vîmes bien une foule prodigieuse qui l'environnait, mais nous nous imaginâmes que c'était par curiosité. A notre approche, la foule se mit en haie pour nous laisser passer, mais à peine fûmes-nous entrés que chacun se précipitant à la fois tout le monde voulait y arriver en même temps. Les deux fenêtres ou portes furent bientôt forcées. et en une minute notre petit bâtiment fut tellement comble qu'il ne nous fut plus possible de bouger d'où nous étions. Je me trouvais par surcroît de malheur éloigné de mon pauvre frère, et par conséquent dans l'impossibilité de lui prêter secours, s'il en avait besoin. J'oubliai bien vite le malaise et la gène que j'éprouvais, pour ne m'occuper que de lui. Mais avec la meilleure volonté il fallut prendre patience, et bon gré malgré rester où j'étais. La nuit me parut bien longue et bien froide, et je maudis cent fois la barque et les Westphaliens.

Cependant cette troupe joyeuse égayée par les vapeurs de bière et de vin chantèrent à tue-tête en partie et toute la nuit. Leurs accords étaient assez justes ; mais la détresse où je me trouvais, jointe à la fumée importune des pipes. m'empêchait de jouir de la mélodie de leurs sons. Plus de 40 pipes furent allumées dans le moment, et plusieurs entrèrent la pipe au bec qui l'avaient encore en sortant de la barque. Ceci ne paraîtra point étrange quand on saura qu'un véritable Hollandais doit fumer au moins 20 pipes par jour sans cracher. (Il n'est point rare de voir de jolies hollandaises fumer leur pipe). Mes voisins remplirent parfaitement le premier point, mais mes pauvres habits furent des témoins muets qu'ils prévariquèrent le second ; aussi était-ce des Westphaliens. Enfin, après bien des misères de cette espèce, nous arrivâmes à Amsterdam. sur les 6 heures du matin, roués. empestés. embernés. Mon

pauvre malade n'en pouvait absolument plus et était hors d'état
de se rendre à l'auberge qui nous était indiquée. Nous prîmes donc
le moyen de l'y faire parvenir, et nous nous procurâmes un conducteur, qui nous conduisit à l'auberge de l'*Espérance* dans le Nes. Pendant les quatre jours que nous passâmes à Amsterdam, il ne sortit
guère de sa chambre, malgré son courage et le désir qu'il avait de
connaître cette étonnante capitale.

Amsterdam est la capitale de la Hollande, et était anciennement
l'entrepôt de l'univers. Notre première visite fut à l'hôtel de ville
et au port. La renommée du premier et très bien méritée, cet édifice
immense et magnifique annonce parfaitement le comptoir d'un peuple aussi opulent que le Hollandais. La façade en est belle et bien
proportionnée. L'édifice en grand présente un carré long dont les
façades opposées se correspondent. Sur le frontispice, du côté principal, la Hollande est représentée sous les formes de la déesse de
la Guerre et de l'Abondance, et les autres nations lui offrent leurs
hommages. Sur le bâtiment opposé est Atlas portant un globe. Quatre belles statues en bronze sont aux quatre coins des frontispices.
Ces statues vues de près sont de grandeur gigantesque, mais elles
produisent l'effet le plus naturel vues des places voisines. Ce superbe bâtiment est composé d'une prodigieuse quantité d'appartements. On admire principalement au premier étage une pièce immense, qui est environnée des comptoirs de la Trésorerie, des Secours, du Commerce, de la compagnie des Indes, etc. Ce magnifique édifice fut commencé en 1648 et fini en 1655.

Nous montâmes à l'horloge, et chemin faisant nous vîmes l'arsenal. L'horloge est singulièrement curieuse, elle attire l'attention et l'admiration des artistes. On découvre de là toute la ville
et ses alentours, et on jouit d'un point de vue qu'on ne se lasse
point d'admirer. Le port surtout présente l'aspect le plus imposant. Il se présente en demi-cercle renversé, que l'œil peut à peine
mesurer, rempli d'une forêt de mâts et d'une quantité innombrable de vaisseaux. Quant aux maisons qui bordent ce port magnifique, elles laissent à désirer. On voudrait plus d'alignement et
des édifices plus élégants. Les eaux qui forment le port, se nom-
ment l'Y, c'est une espèce de grand lac qui se décharge dans le
Zuiderzée, et à deux lieues d'Amsterdam. Nous ne pûmes voir ni

la maison de correction ni l'école de la marine, vu qu'il fallait obtenir une permission des administrateurs, et en Hollande on ne peut rien avoir gratis. Il faut avoir toujours la bourse à la main dans ce pays, on n'entrerait pas dans une étable, qu'il se trouve toujours quelqu'un pour demander. Quant à la Bourse et à l'hôtel de la Compagnie, ce sont de beaux édifices, mais ils ne sont pas comparables à l'hôtel de ville.

Les rues d'Amsterdam sont en général moins larges et moins propres que toutes les autres villes de la Hollande. Tout annonce un peuple de négociants et de gens d'affaires. Le quartier des juifs est un des plus beaux de la ville, c'est près de là qu'on voit le jardin botanique. On rencontre peu de voitures à Amsterdam, mais beaucoup de caisses de voitures attachées à des rouleaux et traînées par des chevaux ferrés avec des crampons si élevés qu'ils ont l'air d'être sur des échasses.

La seule promenade d'Amsterdam se nomme le Plantage. Elle est divisée en plusieurs allées qui se correspondent, mais elles sont mal tenues, et je n'ai pas vu en Hollande de promenades plus mesquines et plus négligées que dans la capitale. Ce ne serait pas la ville de Hollande que je préférerais habiter. On ne trouve pas dans toute cette immense cité une seule église qui mérite d'être vue. En revanche, le nombre des ponts est si considérable, qu'il est bien difficile d'en pouvoir fixer au juste le nombre, quoiqu'ils soient numérotés. Les uns les portent à 3.000, d'autres à 1.500 seulement. La vérité est qu'on ne peut faire 100 pas sans en passer un, et quelquefois 3 ou 4, ce qui est tout simple, puisque cette ville est un composé de plusieurs îles et remplie en outre de canaux.

J'eus le plaisir d'y assister à un dîner de Chinois. Leurs personnes et leurs costumes sont si parfaitement rendus sur nos paravents, qu'il serait difficile de les méconnaitre. Mais ce qu'on ne peut dessiner, c'est l'adresse avec laquelle ils se servent de petites baguettes qui leur servent de cuillères et de fourchettes pour manger leur riz et leurs légumes. Si par hasard il se rencontre dans leurs mets quelque petite ordure ou gravier, ils l'enlèvent avec une dextérité surprenante. Je fus également surpris de la légèreté de leur toilette, dans un climat si différent du leur. Ils ont les

bras et les jambes nus, la poitrine découverte et la tête à trois
quarts rasée. Leurs yeux sont vifs et enfoncés, leur peau plus ou
moins olivâtre. Tous les cultes sont tolérés à Amsterdam, il n'est
pas jusqu'aux Turcs qui y aient une mosquée.

Saardam. — Ce village, ou pour parler correctement ce gros
bourg, est distant d'une lieue et demie d'Amsterdam. Comme il
est situé au milieu de la mer, il fallut nous embarquer au port
pour y parvenir. Nous le traversâmes donc, et nous vîmes tout à
notre aise une foule de bâtiments de toute grandeur. Plus nous
nous éloignions, plus il nous paraissait magnifique, parce qu'alors
nous distinguions mieux cette forêt de vaisseaux. Après avoir ad-
miré le port le plus commerçant de l'univers nous fûmes bientôt
à portée de contempler les chantiers où Pierre-le-Grand fit son
apprentissage de charpentier. Saardam est encore renommé par
sa propreté, mais surtout par son immense surface, qui, dit-on, est
plus considérable que celle d'Amsterdam. Notre premier soin fut
de visiter la maison et le chantier que le fameux tzar Pierre avait
ennobli par sa présence. Nous eûmes beaucoup de peine à la
trouver, mais pour prouver notre présence nous signâmes nos
noms dans un gros in-folio qu'on nous présenta et où nous vîmes
des noms par millions de tout pays et de toute nation. Nous parcourûmes ensuite cet immense bourg, où se trouvent un lac assez
vaste, d'immenses jardins, de belles rues et très propres, et un
grand nombre de moulins à vent soit à papier soit à scier le bois.
Tous ces moulins sont fort agréablement construits, et l'ensemble offre de loin surtout un coup d'œil très pittoresque. Jusqu'ici
nous avions trouvé les Hollandais fort empressés à nous obliger et
à nous tirer d'embarras à l'occasion, ici ils nous fuyaient ou faisaient semblant de ne pas nous entendre. Nous revînmes coucher
à Amsterdam, et le lendemain matin nous nous embarquâmes encore pour aller visiter Broeck, village singulier, dont l'excessive propreté attire tous les étrangers qui le connaissent de réputation.

Broeck n'est distant d'Amsterdam que de 2 à 3 lieues. Il est
très curieux tant pour la propreté de ses rues et de ses maisons,
que pour la richesse et la propreté aussi ridicule que recherchée
qui règne dans l'intérieur des habitations de ces prétendus paysans. Si on regarde Broeck comme un village habité par de sim-

ples cultivateurs occupés uniquement à faire valoir leurs petites propriétés, ce village est étonnant. Mais si on vous dit que tel prétendu paysan a 8 vaisseaux en mer (Lucas Ploëger, par exemple), si on vous montre la maison d'une vieille soi-disant paysanne, qui vient de laisser en mourant cinq millions de florins, le charme cesse, et on n'est plus surpris au contraire que de la vie sauvage et retirée de ces riches habitants. D'après cette courte digression, je vais chercher à donner une idée de ce singulier et original village. Les rues sont pavées en briques peintes, elles sont sablées et plus propres que ne le sont généralement nos appartements. Des canaux percent ce village, les ponts sont élégants et peints de diverses couleurs. Chaque maison a son parterre et un charmant treillage qui, comme la maison, sont peints de différentes couleurs. Le tout est si frais que le village entier paraît sortir des mains de l'ouvrier. Il n'est pas jusqu'aux tuiles qui ne soient peintes et vernissées. Du reste, les maisons ne sont ni grandes ni magnifiques et n'annoncent assurément point des millionnaires. Voilà à peu près l'esquisse de l'extérieur.

Pénétrons maintenant dans l'intérieur, s'il est possible. Pour en obtenir la permission, on vous oblige d'ordinaire à ôter vos souliers, mais, grâce au temps sec, on nous dispensa de cette désagréable formalité, et on se contenta d'essuyer avec grand soin nos chaussures. On nous fit d'abord remarquer qu'il y a deux portes à chaque maison, dont l'une ne s'ouvre que les jours de noces ou d'enterrement. Nous entrâmes donc par la porte ordinaire. Nous posâmes d'abord le pied sur une serviette bien blanche et bien plissée. Dessous est une natte cirée, et pardessous celle-ci un tapis et enfin des pavés de marbre blanc et noir. Des porcelaines très nombreuses couvrent les buffets et remplissent les armoires. Sous les lits, les stalles et les chaises, il y a toujours des serviettes étendues qu'on secoue avec grand soin plusieurs fois le jour. La cuisine est de la même propreté, la crémaillère, les pelles, les pinces, etc., tout semble sortir de chez l'ouvrier. La cheminée même est d'un blanc de lait et semble n'avoir jamais eu de feu. Cet esclavage de la propreté doit à coup sûr leur faire faire maigre chère. Aussi généralement le Hollandais ne pèche-t-il guère en fait de prodigalité. Quant aux meubles et aux appartements, ils n'ont rien d'étonnant, si ce n'est leur antiquité et leur propreté aussi recherchée que ridicule. Nous parcourûmes quelques-unes de ces originales maisons, elles se ressemblent toutes. Nous nous arrêtâmes davantage chez Lucas Ploëger, qui a un cabinet d'histoire naturelles riche en coquillages et en papillons.

Après avoir visité les hommes notre curiosité nous porta à voir les étables. Celles-ci servent de cuisines l'été, les bestiaux restant dehors jusqu'à la Toussaint. Nous vîmes par nous-mêmes une chose qui semble être une plaisanterie et qu'on aura peine à croire : c'est la manière dont les vaches sont arrangées dans leurs étables. L'animal est attaché à la crèche, derrière lui coule un ruisseau qui entraîne ses ordures. Leur extravagante propreté leur a fait mettre au plancher autant de poulies que d'animaux : ils attachent à ces poulies la queue de l'animal, et alors il lui est impossible de se salir. Encore un coup, ceci paraît incroyable ; mais nous avons tous vu ces poulies et on nous en a dit l'usage. A-t-on voulu se moquer de nous ? Je n'en crois rien. Le Hollandais n'est pas d'un caractère plaisant, mais quand on songe à son excessive propreté, on sera d'autant moins surpris de cette originalité que dans un pays volé à la mer où tout est prairie, le fumier est absolument inutile. Ne vous imaginez pas d'après ceci que les Hollandais soient des petits maîtres, poudrés, musqués, parfumés ! Vous vous tromperiez étrangement. Autant ils affichent la propreté dans leurs meubles et leurs maisons, autant la plupart sont sales et dégoûtants dans leur toilette.

Le canal qui conduit ici est élevé plus de dix pieds au-dessus des prairies qui l'avoisinent. Aussi a-t-on construit des moulins à puiser l'eau de distance en distance, le long de la digue qui sert de chemin aux voitures. Une vis sans fin dont le diamètre est à peu près de 6 pieds, est posée sur un plan incliné. La partie inférieure est dans l'eau. Le diamètre de cette vis touche de chaque côté la muraille, de manière toutefois qu'elle puisse tourner. En tournant sur elle-même, la partie qui est dans l'eau remplit celle qui n'y est pas, celle-ci la suivante, ainsi de suite, jusqu'à ce qu'arrivée en haut elle tombe dans le canal. Cette méthode est aussi simple que bien inventée et utile. Tout en discutant cette matière, nous arrivâmes au village, qui nous fournit une barque pour revenir à Amsterdam.

Haarlem, grande et belle ville, à 2 lieues d'Amsterdam, est célèbre par le plus beau et le meilleur jeu d'orgue de l'Europe, la propreté de ses rues et la magnificence royale de la superbe habitation de M. Hoops, le plus riche négociant de l'Europe, par ses charmants jardins de fleurs, où les amateurs de tous les pays se rendent à l'envi. Le plus intéressant est celui de M. Kreps, par son muséum, son cabinet d'histoire naturelle, etc. C'est aux environs de cette jolie ville qu'on admire la fameuse digue de Speranda, qui sépare la mer de Haarlem de la mer de Hollande. Cette digue est entretenue avec le plus grand soin. C'est de là que dépend le salut de la Hollande. Si malheureusement elle crevait, la majeure partie de ce pays si intéressant serait submergé, puisque la grande mer est beaucoup plus élevée que la petite mer de Hollande, où elle est renfermée en forme de lac. L'étranger remarque aussi avec plaisir sur la place principale la maison de Laurent Costerus, inventeur de l'imprimerie.

De retour à Amsterdam, on ne songea plus qu'au départ, et nous fûmes dès le lendemain joindre la barque d'Utrecht. Le canal qui conduit d'Amsterdam à Utrecht, est le plus beau de toute la Hollande, tant par sa largeur que par l'immense quantité de châteaux et de maisons de plaisance qui en ornent les bords. Le nombre en est si multiplié, les jardins si délicieux qu'on se croit d'abord transporté dans un pays de féerie ; mais peu à peu l'œil s'habitue à ce genre de beauté, et il cherche en vain la belle et simple nature. Les côteaux, les forêts, les plaines dorées d'épis ont fui de ce climat et sont remplacés par de superbes charmilles, des statues, des orangers, des arbustes étrangers, des potagers, des jardins anglais. Ici ce sont des rotondes charmantes et parfaitement meublées, là des cabinets chinois, des ponts, des cascades, des sentiers tortueux, sablés symétriquement, qui conduisent à un château, une maison ou une chaumière. Ces superbes décorations vous abandonnent-elles un instant, on ne rencontre que des prairies immenses et des canaux sans fin. Telle est la perspective dont on jouit jusqu'à Utrecht, éloigné d'Amsterdam de 10 lieues.

Utrecht, capitale de la province du même nom, siège des États, Université et archevêché janséniste. — On voit la cathédrale dédiée à Saint-Martin ; le chœur sert de temple aux réformés. Le toit de la nef fut enlevé par un coup de vent en 1674. On vous montre dans l'église Saint-Martin la soi-disant chemise de la sainte Vierge, elle est sans aucune couture apparente, ainsi que la prétendue épée avec laquelle saint Pierre coupa l'oreille à Malchus, et on vous fait écrire votre nom dans un gros livre, ainsi qu'à Saardam. On voit aussi une manufacture de soie, qui est fort intéressante et a un superbe jardin. Utrecht est le point le plus élevé de la Hollande ; aussi découvre-t-on du haut du principal clocher un horizon immense et jusqu'à 40 villes. Les promenades de cette ville sont délicieuses. Indépendamment des boulevards et des grandes routes qui sont toutes plantées d'un double rang d'arbres, la promenade nommée le Mail ferait honneur à Paris ou à Londres. La ville ne m'a pas paru grande, elle ressemble à toutes les villes de Hollande pour la construction et la propreté. Mais comme le sol est plus élevé, il n'y a pas tant de canaux, et l'air semble plus pur et moins épais.

Zeist est un village distant d'une lieue et demie d'Utrecht, célèbre par la Société de Frères Moraves, qui travaillent et vendent leurs marchandises en commun.

La santé de mon pauvre frère allait toujours de mal en pis. J'étais assurément bien décidé à ne pas le quitter. Mais comme il désirait que je fusse à Bruxelles, où j'avais formé mon établissement, chercher mes paquets et terminer mes affaires, je fus forcé de le quitter momentanément et de le laisser entre les mains d'un parent et ami qui allait à Spa, dans l'intention de les rejoindre le plus tôt possible. Hélas ! je m'imaginais guère l'embrasser pour la dernière fois. Le lendemain de mon arrivée à Bruxelles, je reçus la lettre fatale qui m'annonçait qu'à peine arrivé à Spa, une colique affreuse avait terminé sa vie et ses douleurs. La perte affreuse que je viens de faire est trop sensible à mon cœur pour ne pas chercher à nourrir ma trop juste douleur et m'entretenir d'un frère, d'un ami, d'un père, du bienfaiteur de sa famille. Au reste, comme cet écrit sera tout au plus lu par mes parents ou amis, je suis bien aise de consigner ici une légère preuve de mes tendres regrets. Puisse-t-elle apprendre à mes derniers neveux que nous fûmes cinq frères, n'ayant qu'une bourse, un cœur et une âme ! Puissent-ils à notre exemple sentir le prix de l'amour fraternel !

Je me rendis donc par la diligence d'Utrecht à Bois-le-Duc. Je n'avais que 8 lieues à faire, mais il fallait traverser les différents bras du Rhin et la Meuse, c'est-à-dire cette immense quantité d'eau qui forme les canaux dont la Hollande est inondée en tout sens. Après avoir parcouru 3 lieues de plaines où l'on commence à trouver des blés, nous arrivâmes aux digues qui garantissent le pays des inondations subites de l'Ysse. Nous traversâmes a bras majestueux du Rhin par un beau temps, mais la rapidité du courant force, pour passer plus directement, à attacher le bateau à une chaîne d'autres petits bateaux qui sont à l'ancre, rompent le courant de l'eau et l'empêchent de descendre. Après avoir encore trotté une bonne heure, nous passâmes une petite rivière, et enfin nous trouvâmes le Vaal, autre bras du Rhin, aussi considérable que l'Yssel. Nous vîmes sur la rive gauche la jolie petite ville de Bannul, dont la position ainsi que les promenades sont charmantes. Tout ou presque tout le pays que je viens de parcourir depuis Utrecht, est de la Gueldre hollandaise et du district de Nimègue. La Meuse forme la séparation d'avec ce district et celui de Bois-le-Duc. De là jusqu'à cette ville nous fûmes toujours dans le marais, nous y arrivâmes par une digue qui sert en même temps de route. En la coupant, tout le monde est inondé. Nous entrâmes dans Bois-le-Duc par le côté opposé par où j'en étais sorti.

Bois-le-Duc. — Cette ville est située à une lieue et demie de la Meuse, avec laquelle on communique par un canal. Cette ville n'est pas grande, mais les rues sont généralement larges et bien alignées. Les fortifications et surtout les marais qui l'entourent, rendent cette place très forte. Elle ne peut être attaquée que du côté du fort Isabelle, qui est éloigné d'un quart de lieue, mais on peut inonder fort au-delà. On voit avec plaisir la grande église qui sert de temple aux protestants. Cet édifice est vaste et dans le genre gothique. J'ai été fort surpris de trouver dans cette église les statues des 12 apôtres, ainsi que celles de la sainte Vierge et de l'Enfant Jésus. C'est peut-être l'unique temple protestant où l'on ait conservé les images et la représentation des saints. Les remparts de cette ville sont bien plantés, mais c'est le seul endroit où l'on puisse se promener et prendre l'air, tous les environs de cette ville étant une espèce de lac les trois quarts de l'année. Je ne dois pas omettre de rendre hommage à l'humanité et à la générosité des habitants de Bois-le-Duc. Tous les malheureux Français que les cruelles circonstances où nous vivons ont jetés dans cette ville y ont trouvé des secours abondants. J'ai moi-même passé deux jours chez un honnête négociant, qui vint m'enlever à l'auberge et me combla de procédés honnêtes et généreux. Avant de m'embarquer dans la diligence de Bréda, je voulus me venger sur la servante des obligations que j'avais à son maître : mais elle ne voulut jamais rien accepter, elle me dit tout net qu'elle était plus riche que moi et que j'avais besoin de toutes mes pièces. Qu'on dise actuellement que le Hollandais aime l'argent : voici au moins une exception bien marquée, et la vertu vient souvent se gîter où on ne s'attendrait pas à la trouver.

Me voici donc dans la diligence de Bréda, et je dois remarquer qu'autant les voitures d'eau sont propres et commodes en Hollande, autant les diligences de terre sont misérables et incommodes ; elles ne sont ni suspendues ni fermées, elles ne sont couvertes que par une toile goudronnée et criblée de mille trous. L'été on y étouffe de poussière, l'hiver on y est gelé et morfondu, et en tout temps on est roué comme dans une méchante charrette. Ajoutez à cela autant de pipes allumées que de personnes, et vous aurez une idée des voitures de terre en Hollande. Les routes ne sont pas meilleures que les voitures. Le chemin est ordinairement pavé jusqu'à une lieue de la ville, et il abandonne ensuite le voyageur et le laisse lutter contre les sables et les ornières. Après avoir parcouru quatre lieues de landes et de bruyères, nous arrivâmes à une petite ville nommé *Tilburg*, qu'on dit fort commerçante. J'y vis un tilleul intéressant pour l'étendue prodigieuse de ses branches. On l'avait coupé à 12 à 15 pieds de hauteur, et on avait palissadé ses branches en forme de tonnelle ; on y avait établi une douzaine de tables ou guinguettes où l'on buvait et dansait le dimanche. En approchant de Bréda, la nature se déride un peu : on rencontre quelques villages et quelques maisons de campagne.

Bréda. — Cette ville est fort jolie ; les rues sont larges et alignées, et les maisons toujours construites à la hollandaise et très propres. Les remparts sont bien plantés. Ce qui m'a paru de plus remarquable, c'est le palais du Stathouder ainsi que ses jardins. Le clocher de la principale église est d'une fort belle architecture et d'une grande élévation. Les fortifications sont superbes et commandent tout le pays. Des fossés larges et profonds ornent la ville ; les redoutes et ouvrages avancés qui en défendent l'approche, rendent Bréda une ville très forte. Le temps me pressait, et il ne me fut pas possible de visiter en détail cette ville intéressante.

Je remontai le lendemain matin dans un caraba pareil à celui de la veille, aussi pris-je le parti à peu de distance de la ville de faire la route à pied. Je me trouvai encore dans des landes qui me conduisirent à 2 lieues d'Anvers. Ce n'est pas assurément que ces terres ne soient susceptibles de culture, le fond de ces bruyères est absolument le même que celui des terres qui avoisinent le Brabant, d'où les Flamands retirent des blés de toute espèce. Mais le Belge ainsi que le Français et l'Allemand, regardent l'agriculture comme le nerf de l'Etat et préfèrent des terres bien labourées, bien cultivées à des vaisseaux richement chargés, qu'une tempête ou une guerre étrangère peuvent détruire.

Les Pays-Bas

De nouveau M. de la Corbière se fixe à Hall, dans le Hainaut, chez un marchand tailleur. — Le jeûne du Carême. — Enghien. — Le chanoine d'Angers est obligé par la politique de quitter Hall au bout de 8 mois. — Le sac sur le dos — Ruremonde — Liège — Maëstricht — En route pour Aix-la-Chapelle.

Me voici donc encore une fois à Anvers. Mon premier soin fut d'aller admirer encore la cathédrale et les trésors qu'elle renferme. Mais je cherchai inutilement la *descente de Croix* de Rubens : il est voilé les jours de semaine, les dimanches et fêtes sont les seuls jours où il soit permis de le contempler à son aise, ou bien il faut payer. Mais je vis depuis si longtemps de privations que je sus encore me mortifier. Mais je cherchai à me dédommager en visitant les autres tableaux. J'admirai une *Assomption de la Vierge*, qu'on me dit être de Rubens, ainsi qu'une *décollation de saint Jean.*

N'ayant rien à faire à Anvers, je partis sur le champ pour Bruxelles par la diligence qui conduit d'Anvers à 3 lieues de là, où l'on trouve la barque de Bruxelles qui nous conduit sur un petit canal au grand canal de Bruxelles moyennant des écluses. Cette opération est admirable, et aussi simple que prompte. Vous arrivez à une écluse, et l'eau sur laquelle vous êtes se trouve à plusieurs pieds au-dessous du niveau du canal où vous devez entrer. Comment s'y prendre pour faire monter le bâtiment ? Cinq minutes en font l'affaire. On fait entrer votre bateau dans le bassin qu'on ferme ensuite, et on ouvre les portes de l'écluse du côté opposé. L'eau se précipite comme un torrent et a bientôt mis le bassin de niveau avec le canal. Vient-il un bateau du côté opposé, on se sert de la raison inverse pour parvenir au même but. J'arrivai à Bruxelles par le même canal dont j'ai déjà parlé.

Je ne mis que 3 semaines à faire le petit voyage de Hollande que je viens de décrire, et j'estime la distance à 120 ou 130 lieues.

Je n'ai pas désormais le projet de courir davantage, puisque la Providence vient de me priver de l'unique consolation que j'eusse en terre étrangère. Je vais chercher à me fixer quelque part, et faire filer le plus longtemps possible les faibles ressources qui me restent. Je vais, en conséquence, aller m'établir à Hall, petite ville du Hainaut, où je trouverai le double avantage de vivre avec économie et de retrouver quelques connaissances, quelques amis, qui charmeront un peu mes ennuis et mes peines (*septembre 1793*).

Hall est une petite ville du Hainaut Autrichien, qui n'a de remarquable que son église. Son patron est saint Martin, évêque de Tours ; l'image miraculeuse de la sainte Vierge qu'on vénère dans une des chapelles, attire un concours étonnant d'étrangers. On attribue une quantité prodigieuse de miracles à son invocation, qu'il est aisé de voir et de lire par l'histoire imprimée qu'on vend à cet effet. Cette église est d'une grande richesse en argenterie, telles qu'une lampe d'or massif, une couronne de même matière et une robe garnie en perles fines. C'est dans la chapelle de la Vierge qu'on voit le tombeau de Joachim, Dauphin de France et fils de Louis XI. On porte à plus de 200.000 le nombre des étrangers que leur piété y attire depuis Pâques jusqu'à la fin de septembre. Beaucoup de ces pèlerins font le tour de l'église nu-pied ou à genoux. Quelques-uns même font ce qu'on appelle le grand tour de la Vierge, qui a une bonne demi-lieue de l'une ou l'autre manière. Les *ex-voto* sont innombrables. Des cierges brûlent continuellement dans les différents endroits où l'image de la sainte Vierge est représentée. Tous les jours il y a salut et exposition du Saint Sacrement. Tout ceci annonce assurément un peuple bien religieux et bien pénétré de sa religion. On est donc étrangement surpris de voir les boutiques ouvertes les dimanches et fêtes, et les marchands plus occupés que les jours de semaine. Le carême on ne manque pas de prendre son thé ou son café tout en se levant, et le soir on va à l'estaminet ou cabaret, hommes, filles ou femmes, boire, chanter et rire jusqu'à 8 heures. On revient alors souper et le plus souvent se coucher. C'est ainsi qu'on remplit dans toute l'Allemagne le précepte du jeûne, mais selon eux le liquide ne rompt point le jeûne. Ils suivent fort bien ce principe, et après l'avoir amplement mis à exécution ils disent en s'endormant leur rosaire et s'imaginent avoir satisfait au précepte de l'abstinence.

J'eus alors l'occasion de voir à Bruxelles l'inauguration de l'empereur François II comme duc de Brabant. Toutes les rues par où le cortège passa, étaient plantées d'arbres. Les fontaines publiques étaient décorées agréablement et on n'avait pas oublié de charger le petit *manequepisse* de toutes ses décorations. La place de la Cour, où se fit la cérémonie, était magnifiquement parée. Les voitures des ducs, abbés et membres des Etats précédaient les hérauts d'armes. Ces derniers montaient de superbes chevaux et étaient très richement costumés. Cette cérémonie fut fort belle, mais ne souffrait aucune comparaison avec celle que j'avais vue à Versailles lors de l'installation des Etats Généraux, époque à jamais fatale pour la France.

Enghien est une petite ville qui n'est distante que de 2 à 3 lieues de Hall, et dont on vante le parc, qui à la vérité est vaste et bien percé. On y trouve de charmants bosquets et quelques statues, entre autres un sanglier en fonte dont les formes et les proportions sont admirables. Les serres chaudes m'ont fait grand plaisir, je vis le 30 avril des pêches presque mûres, des cerises magnifiques et des melons très agréables à l'œil et à l'odorat. Mais en admirant toutes ces belles choses, nous entendîmes une canonnade affreuse dont les suites me forcèrent, ainsi que tous les malheureux fugitifs Français, à aller chercher la paix ailleurs.

J'habitais Hall depuis 8 mois, et je vivais aussi heureux qu'un malheureux exilé peut l'être. J'avais une société charmante et je goûtais à longs traits les douceurs de l'amitié. L'honnête marchand tailleur chez lequel j'étais logé, m'avait pris en amitié, ainsi que sa famille, et il n'est pas de soins et de preuves d'attachement que les uns et les autres ne m'aient donnés pendant le temps que j'ai été leur pensionnaire. Que j'ai regretté souvent ces heureux jours ! Que mon cœur éprouve encore de jouissance et de consolation à rendre les traits de générosité du bon Decoq ! Lorsqu'il fallut nous quitter, mes hôtes généreux me proposèrent tous les secours qui étaient en leur pouvoir, et ils me firent mille instances pour emporter leur argenterie et leur argent, mais ma délicatesse s'y opposa toujours invinciblement. Je n'étais pas sûr de le pouvoir rendre, je ne crus donc pas devoir accepter ces offres généreuses.

Ce serait le cas de dire quelles furent les causes qui m'obligèrent à quitter le Hainaut. Mais ceci n'étant que l'itinéraire de mes voyages, la politique est tout à fait étrangère. Ce que je sais le mieux, c'est que je fus nécessité de partir. Je regrettais beaucoup mon bon hôte et ma petite société, où je coulais des jours sinon purs et sereins, au moins tranquilles, quelquefois même joyeux...

Je m'étais donc en vain flatté de terminer ici le cours de mes voyages en terre étrangère et de le finir en me rapprochant de mes foyers. La Providence l'ordonne, j'émigre de nouveau et ignore quand et comment finira mon long et pénible exil. Les circonstances où nous vivons peuvent se prolonger jusqu'à la fin de ma carrière, mais Dieu aidant je ne succomberai pas sous les maux qui m'accablent. Je bénis la main qui me frappe, et si la tempête menace de m'engloutir je sais que la barque de Pierre ne fut pas submergée par les flots irrités. La Providence fait exister tout ce qui respire. Ma confiance en Dieu ne me laisse donc aucune inquiétude, et le sac sur le dos pour la première fois de ma vie je vais faire à 40 ans l'apprentissage du malheur, parcourir quelques provinces et être, s'il le faut, citoyen de l'univers. Je quittai donc mes bons et généreux hôtes, le cœur gonflé et les joues inondées de larmes. Je leur promis bien de les venir rejoindre le plus tôt possible ; mais, hélas ! vaine illusion, cruelle espérance, combien tu m'as séduit !

J'arrivai à Bruxelles le sac sur le dos, armé d'un gros bâton et avec un joli petit chien, le 25 juin 1794. Je courus sur-le-champ chercher un de mes amis, que j'avais chargé quinze jours auparavant d'une malle pour Maëstricht. Mais ayant oublié ma commission, les circonstances la rendirent impraticable, et il fut forcé de la faire partir par le canal d'Anvers. Je prévis dès lors que je n'étais pas près de la rejoindre, et cela me rendit le sac que je portais beaucoup plus précieux, puisque je le regardai dès ce moment comme tout mon bien. Je sentais que pour rattraper ma malle, je devais la suivre ; mais mon plan n'étant nullement d'aller en Hollande, je la laissai courir et me contentai de donner des adresses à Maëstricht et Dusseldorf, et je suivis moi-même cette route. Quelqu'intéressant que fût pour moi le sac que je portais, mes forces physiques ne me permettaient pas de le porter plus loin. J'avais eu une voiture pour venir à Bruxelles, sans quoi je n'aurais pas pu le traîner jusqu'ici ; il pesait au moins 60 livres. J'envoyai donc chercher un Juif ou revendeur, auquel je donnai pour 15 livres, argent comptant. ce qui m'avait assurément coûté plus de 25 louis. Mais nous vivons dans un temps où il faut nécessairement jouer à qui perd gagne. Ce charmant jeu me faisait cependant envisager de loin la famine avec ses longues dents aigües, et je redoutais fort de me voir contraint, quelque jour, à m'unir à elle. Ce fut dans ces pensées anodines que prenant tristement ma pauvre besace je vins me réunir et augmenter le nombre des fuyards qui allaient chercher à respirer tranquillement. J'eus beaucoup de peine à arriver à la porte, tant était grande l'affluence de fantassins, de cavaliers, de carosses, de charrettes, de meubles, de vaches, bestiaux fuyant au milieu des caissons, des obus, des bombes et des canons. Tout allégé que fût mon sac, il pesait encore au moins 30 livres. et je sentis qu'il fallait tâcher de m'en décharger par la chaleur affreuse qui m'excédait, au milieu d'un brouillard énorme de poussière. La première personne à qui je m'adressai consentit obligeamment à ce que je le déposasse sur sa voiture, et me voici conséquemment associé à ceux à qui elle appartenait. Je me mis donc en route avec eux. La nuit approchant et ne pouvant trouver où nous loger, nous nous acheminâmes vers un village où on voulut bien nous offrir une grange, dans laquelle nous nous gîtâmes 24, hommes, femmes et enfants, connus ou inconnus. La nuit se passa à peu près sans dormir, et elle fut égayée par les plaisanteries agréables de quelques personnes qui, conservant le caractère français, savent tirer parti des circonstances même les plus pénibles pour servir de baume ou au moins de calmant aux plaies saignantes dont leur cœur se trouve ulcéré. Pour moi, je faisais mon apprentissage de la paille, et le noviciat me paraissait un peu dur. surtout si je me rappelais le passé. Mais je chassais avec soin ces idées comme des pensées qui ne pouvaient que contribuer à augmenter mes peines, et grâce à Dieu je fus bientôt familiarisé avec la misère. Je n'avais jamais voyagé en France à pied que

pour mon plaisir; quand je faisais deux lieues à pied, je trouvais la
tâche longue. Ici il m'est arrivé souvent d'en faire 12 et 14, d'avoir
un pauvre souper et pour lit de la paille.— Dès 3 heures du matin
tout le monde fut debout, nos toilettes furent bientôt faites, et
après un déjeûner d'émigrés nous nous mîmes en route pour Louvain. Je fis l'avant-garde avec une bonne vieille dame, dont l'esprit
et surtout la sensibilité m'avaient charmé. A peine eûmes-nous
gagné la grande route, qu'un être inconnu chargé d'un énorme
sac nous dépassa et fut s'asseoir sur une borne à quelques pas de
là. Nous crûmes qu'il se trouvait mal, et volâmes à son secours. Sa
tête appuyée sur ses mains nous cachait son visage, et il nous fallut
le remuer, le secouer plusieurs fois pour le décider à nous répondre.
Nous regardant enfin avec des yeux inondés de larmes, les sanglots
qui lui ôtaient la respiration ne lui permirent pas de nous faire
part d'abord de ses chagrins. Bientôt nous en devinâmes une partie, le reconnaissant pour un malheureux émigré. Ses peines étaient
les nôtres, et il nous trouva tout disposé à le secourir ! Il quittait
des parents, des amis, des hôtes, des protecteurs, il était excédé
de fatigues et succombait sous le poids de son énorme porteman-
teau. On l'engagea à se décharger de son paquet et voici un nouveau camarade. — Nous cheminions toujours vers Louvain, souvent au milieu d'une double file de voitures et toujours au milieu
d'un nombre prodigieux de fugitifs. Quelles cruelles et déchirantes
réflexions ne faisions-nous pas ! Victimes innocentes nous-mêmes,
la main de Dieu semblait s'appesantir sur nos têtes. Des milliers
de vieillards, prêtres ou militaires, femmes ou enfants, remplis-
saient les routes, écrasés sous le poids du malheur et de l'adversité. Nous étions nous-mêmes inondés de tant de sueur et de poussière qu'à peine pouvions-nous voir pour nous conduire. Tout en
suivant notre charrette que nous ne perdions jamais de vue, nous
arrivâmes enfin à Louvain. Nos honnêtes bienfaiteurs se mirent à
dîner sur leur voiture et nous engagèrent à aller à l'auberge en
faire autant. Ils nous assurèrent qu'ils ne partiraient que dans une
heure et iraient coucher à Tirlemont. D'après cette déclaration,
nous courûmes à l'auberge, mon camarade et moi, pour remplir
notre estomac et gagner de nouvelles forces. On nous fit attendre
fort longtemps notre dîner, et l'heure était écoulée avant qu'on

nous servit. Mais notre voiture allait fort doucement et nous ne fûmes pas embarrassés de la rattraper. Nous nous dépêchâmes donc de nous restaurer, et vite nous nous mîmes en devoir de rejoindre notre voiture. Nous voyageâmes très lestement la première heure, et ne trouvant rien nous prîmes le parti de les attendre sur la grande route, mais inutilement. Nous recommençâmes donc encore notre poursuite jusqu'à Tirlemont mais avec aussi peu de succès. Nous fouillâmes toutes les auberges et ne fûmes pas plus heureux. Nous sentîmes alors toute la dureté de notre position et combien était essentiel pour nous de recouvrer nos petits effets qui composaient tout notre bien. En conséquence, un de nous partit dès le grand matin pour Louvain, tandis que l'autre gagna Saint-Trond en diligence. Comme le moins fatigué, je revins à Louvain, où mes recherches furent inutiles, et je revins le soir à Saint-Trond rejoindre mon camarade d'infortune, qui n'avait pas été plus heureux que moi. Nous convînmes alors que l'un irait à Liège, l'autre à Maëstricht, et nous nous ferions part de nos découvertes. Je partis donc fort tristement le lendemain matin pour Maëstricht, où j'arrivai fort las, quoique mon paquet ne fût pas lourd à porter. J'étais absolument réduit à ce que j'avais sur le corps et j'étais accoutré avec ce que j'avais de plus mauvais. Cette position, ajoutée aux malheurs du moment, demandait de la force et du courage, je n'en manquai pas. Je fus joindre un de mes amis, qui me procura une chemise et un lit ; je trouvai l'un et l'autre excellent et d'autant meilleur que si j'avais perdu mes effets j'avais gagné autre chose. Dès le lendemain matin, je me mis à la découverte de la marche qu'avaient tenue les porteurs de nos effets. Mais la chose était d'autant plus difficile, qu'ignorant leurs noms il était bien difficile de pouvoir prendre des renseignements. Aussi pendant 8 jours mes recherches furent inutiles. Enfin par un heureux hasard, j'appris qu'ils avaient été se fixer dans un village près Ruremonde. J'en avertis mon camarade, qui vint me joindre sur-le-champ, et nous partîmes. En sortant de Maëstricht, nous passâmes fort près de 7 à 8.000 voitures, qui étaient parquées sous le canon de la place. Une reculade aussi prompte nous fit craindre de ne pouvoir peut-être pas rentrer à Maëstricht, et nous fîmes grande diligence.

La route en sortant de la ville était plantée de beaux arbres, et la fraîcheur du matin nous invitait à marcher. Mais au bout de 2 lieues nos arbres et la grande route nous abandonnèrent, et Phébus nous fit sentir l'ardeur de ses rayons en traversant des landes et des bruyères qui nous conduisirent à Maaseyk. Après avoir dîné dans cette petite ville, nous affrontâmes de nouveau les feux brûlants du soleil. Nous remontâmes pendant quelques lieues les bords de la Meuse, et enfin nous arrivâmes à 9 heures du soir au village qui nous était indiqué. Déjà nous comptions tenir nos effets et nous comptions nos peines et nos fatigues pour rien. Mais, hélas ! quelle fut notre surprise lorsqu'on nous annonça que nos effets, avaient été déposés à Louvain dans tel cabaret ! De ce village à Louvain on comptait 21 lieues. Le quartier général du prince de Cobourg était dans cette ville. Que faire? Mon camarade voulait y aller, et je n'étais pas curieux pour nombre de raisons de m'aventurer au milieu des armées. Je me fis donc remplacer par un paysan, que je payai en conséquence ; je leur souhaitai bonheur et prompt retour et me remis seul en route pour Maëstricht. Je vins dîner à Maaseyk, d'où je repartis ensuite accompagné de mon petit chien. A peu de distance de là, je fis rencontre d'un Français qui me parut surpris que j'osasse seul voyager dans ces parages ; et pour me mettre plus à l'aise, il me raconta que plusieurs personnes y avaient été dévalisées depuis peu de jours. Il était à cheval et m'exhorta à ne le pas perdre de vue. J'avais fait 20 lieues depuis 24 heures, cependant je ne le quittai pas, et je vins coucher à 2 lieues de Maëstricht, à une petite ville nommés Rechen. J'imaginais pouvoir trouver à m'y gîter pour mon argent, mais il ne me fallut pas moins que la protection du curé pour ne pas coucher dans la rue et obtenir une poignée de paille. Je dormis à merveille, et les premiers rayons du soleil m'avertissant qu'il était temps de partir, j'eus l'avantage de n'avoir point à combattre contre mon oreiller comme du temps que j'étais chanoine. Arrivé à Maëstricht, j'attendis avec bien de l'impatience des nouvelles de mon sac chéri, je le regardais comme mon unique trésor et n'avais pas la force de m'en détacher de bon cœur. Au bout de 3 jours, mon camarade et mon paysan arrivèrent triomphalement, armés chacun de leur sac. Je saisis le mien avec empressement et me crus riche. Je rendis mes deux chemises d'emprunt, je m'en trouvai 6 et de tout à proportion !

Liège. Le désir de voir quelques amis plus que la curiosité me portèrent vers Liège. Cette ville est fort grande, fort peuplée, très commerçante en librairie, en manufactures d'armes, mais fort laide et fort mal percée. Beaucoup de rues sont si étroites que dans quelques-unes deux personnes auraient peine à passer de front. Les édifices publics sont rares. Le vaisseau de l'église cathédrale est vaste, mais d'une malpropreté choquante. L'église de Saint-Paul est fort riche en ornements et en marbre, et si cette église n'a pas la même majesté que la cathédrale, elle l'emporte beaucoup par son élégance et sa propreté. On admire au milieu de la place Saint-Paul une statue de la sainte Vierge, qui a pour piédestal une superbe fontaine. Les proportions de la première sont admirables, ainsi que les bas-reliefs du piédestal. Si cette ville offre peu d'objets qui puissent satisfaire la curiosité du voyageur, les promenades qui règnent le long des bords de la Meuse sont fort belles, et les côteaux et prairies environnants aussi fertiles qu'agréables. En revenant à Maëstricht, terminer nos petites affaires, je visitai la petite ville de Wiset, située sur la rue droite de la Meuse ; sa position est riante et ses environs fort bien cultivés.

Pendant les 15 jours que je viens de passer à Maëstricht, j'ai été à portée de bien mieux connaître cette ville, que l'année dernière où je la vis en courant. La Meuse la partage. La principale partie est sur la rive gauche et se nomme Maëstricht, la moindre partie se trouve sur la rive droite et se nomme Vic. L'ensemble forme une très jolie ville, très propre, très bien fortifiée, et cette place peut passer pour la clef de la Hollande. Ce serait, dit-on, une des plus fortes villes de l'Europe, si elle n'était commandée au couchant par une petite montagne. Les États-Généraux désireraient bien fortifier cette élévation, mais le fond appartient à l'Empereur, qui, dit-on, n'y veut pas consentir.

Je partis de Maëstricht avec mon bienheureux sac, que je trouvais léger tout pesant qu'il fût en effet, tant j'étais aise de le posséder. Mais à peine eus-je fait une lieue, que je le trouvai bien lourd, et je cherchai quelqu'un qui voulût bien décharger mes faibles épaules des 35 livres qu'elles portaient. L'ayant trouvé, je voyageai commodément et fis à l'aise les 6 lieues qui séparent Maëstricht d'Aix-la-Chapelle. Je désirais d'autant plus arriver que j'allais me réunir à une cousine qui y tenait son ménage, et je comptais attendre là qu'il me fût permis de retourner à Hall ou de rejoindre mes pénates. Mais je comptais sans mon hôte ; à peine y fus-je arrivé qu'il fallut songer à aller chercher plus loin un asile.

Allemagne.

Aix-la-Chapelle. — Le Duché de Juliers. — Le passage du Rhin. — Dusseldorf. — Elberfeld. — Cologne. — Bonn. — Neuwied. — Ehrenbreistein. — Coblentz. — Mayence. — Darmstadt. — Heidelberg. — Segwetsingen. — Bruchal. — Durlach. — Carlsruhe. — Rastadt. — Le chanoine angevin devient aumônier à l'armée de Condé.

Aix-la-Chapelle est une ville libre impériale, ou plutôt une vraie république, gouvernée par des magistrats nommés par le peuple divisé par tribus. A s'en rapporter aux voyageurs, la police n'en est pas moins faite, et aisément cela se peut croire : où tout le monde veut commander, rarement l'ordre en résulte. Ce qu'il y a de très vrai, c'est que cette ville est pleine de pauvres et de fripons, et j'exhorte ceux qui vont soit à l'église soit dans des lieux publics d'avoir leurs mains dans leurs poches, s'ils ne veulent pas être débarrassés de leur bourse ou de leurs bijoux. Aix-la-Chapelle est située dans une gorge, entourée de montagnes assez élevées ; aussi ne s'aperçoit-on qu'on est à Aix-la-Chapelle que quand on est à la porte. Personne ne se douterait assurément que ce fût là le lieu favori de Charlemagne, et qu'il l'eût choisi pour en faire la capitale de son vaste empire. Voici ce qu'on lit sur une des portes : *hic sedes regni trans Alpes habeatur, caput omnium civitatum et provinciarum Galliæ*. Cette ville est aujourd'hui environnée d'une double enceinte de murs et de fossés. La première est ce qui composait la ville au temps de Charles le Grand, la seconde est beaucoup plus étendue, et la totalité n'est point immense, ce qui prouve qu'elle était bien petite du temps de sa plus haute splendeur. On voit dans la seconde enceinte des prairies, des jardins, des champs.

(1) Voir *Revue de Lille*, XXe année, pages 215, 355 et 432.

des terrains vagues, ce qui annonce combien cette ville est peuplée. Il s'y fait cependant un commerce assez considérable en draps et en aiguilles. Mais ce qui rend cette ville florissante, ce sont ses eaux chaudes, ses bains et sa redoute. Les voyageurs, les malades et les joueurs y affluent des quatre coins de l'Europe. Les bains et les étuves sont multipliés et fort commodes, la redoute est un fort bel édifice, bâti aux frais de la ville pour le jeu et le bal. C'est là que se tient la banque, et où chacun a la faculté de se ruiner. Aix-la-Chapelle est renommée comme une des villes de l'Europe où l'on joue le plus gros jeu, et je crois sa réputation bien méritée : en général, il vient ici beaucoup plus de joueurs que de malades. Peu y rétablissent leur santé, et le plus grand nombre s'y ruinent. Les rues et les édifices d'Aix-la-Chapelle n'ont rien de choquant ni de fort remarquable. L'Église collégiale et royale est desservie par trente-deux chanoines, dont sept dignitaires. Ces derniers officient avec les attributs de la prélature. Les portes de cette église sont d'airain, le chœur en est élevé et élégant. Un dôme ou rotonde forme aujourd'hui la nef, et il ne reste que cela de ce temple. Ce dôme est soutenu par huit piliers de marbre, au milieu est suspendue une immense et magnifique couronne, et au milieu est enterré Charlemagne. Le trésor de cette église est, dit-on, fort riche en reliques. La place principale est à peu près au centre des deux villes. Sa forme est inégale, et une belle fontaine en fait le principal ornement. Au-dessus de cette fontaine est la statue pédestre de Charlemagne, elle est de cuivre doré, mais fort petite : cet empereur tient le sceptre d'une main et le globe de l'autre. En face, est l'hôtel de ville, remarquable surtout par une belle tour placée à l'extrémité de chaque angle de l'édifice. La position de ce bâtiment autorise à croire qu'il faisait partie du palais de ce prince, mais l'édifice est trop moderne pour qu'on puisse supposer qu'il existât du temps de cet empereur.

On trouve à la porte d'Aix, un joli jardin et une maison meublée, destinée pour le jeu. Cette habitation se nomme Cachimbourg. Borset est une petite ville distante de dix minutes d'Aix-la-Chapelle et fort connue par ses bains, ses eaux chaudes et ses promenades singulières et pittoresques au possible : des vallons, des étangs en amphithéâtre bordés d'arbres, des ruisseaux d'eaux fort chaudes et fumantes, coulant tranquillement à côté d'un autre ruisseau d'eau froide, dont ils ne sont séparés que par une légère digue, et en se réunissant ils font tourner de concert des moulins. Ces eaux ont, dit-on, assez de chaleur pour faire durcir des œufs.

On se sert à Aix d'une mauvaise monnaie de cuivre blanchi, et nos bons écus de France n'en perdent pas moins 17 sols de change. En Brabant, où la monnaie est moins mauvaise, nos écus gagnent cinq sols. Mais nous sommes ici dans une méchante petite république, qui use du droit de rançonner ses voisins à son profit.

Cette ville-ci a des espèces de remparts qui sont par ci par là plantés d'arbres, mais il n'est pas agréable d'en faire le tour, la plus grande partie n'étant que de vilains sentiers hauts et bas et fort sales.

J'avais bien le projet de m'établir ici, comme je l'ai déjà dit, mais les Autrichiens ayant jugé à propos au bout de quinze jours d'y venir établir leur quartier général, je crus que l'honnêteté mais surtout la prudence exigeait que je leur cédasse le terrain. Je partis donc pour Dusseldorf avec une marchande de cette ville qui conduisait ses marchandises de l'autre côté du Rhin, et j'eus pour troisième un homme fort aimable et mon ami dès l'enfance. La bonne marchande à laquelle nous servions d'escorte, était dans sa trentième année, elle parlait un peu français et était bonne personne, mais elle n'était pas aguerrie et supportait avec peine les cahots de sa charrette et marchait fort mal. Nous ne fîmes donc que trois lieux le premier jour. Nous couchâmes chez notre charretier, et notre hospice ne fut conséquemment ni délicat ni sensuel. Une botte de paille pour mon camarade et pour moi fut notre gîte, et notre cuisine fut en proportion. Le lendemain nous partîmes de bonne heure, et le beau et charmant pays que nous traversâmes nous annonça que nous étions dans le duché de Juliers. Mais le ciel était nébuleux, et le vent nous présageait un orage. Nous arrivâmes néanmoins sans pluie à Juliers, quoique nous fûmes forcés de nous arrêter pour laisser passer avant nous un nombreux convoi d'artillerie.

Juliers, capitale du duché du même nom, est à 6 lieues d'Aix-la-Chapelle et à 10 de Dusseldorf. Cette ville est située dans une belle plaine ; elle est bien fortifiée, au dire des connaisseurs, et

peut soutenir, dit-on, un siège de trois semaines. Du reste, la ville
est très petite et n'offre rien de curieux. Après avoir déjeuné dans
cette ville, nous continuâmes notre chemin : mais à peine eûmes-
nous fait un quart de lieue, que le ciel s'obscurcit tout à coup, et
le vent, la pluie, la grêle et le tonnerre semblèrent un instant con-
fondre la nature. Mais l'orage ayant pris heureusement une autre
direction, nous en fûmes quitte pour être bien mouillés. Les lieues
se comptent dans ce pays de clocher à clocher ; et comme le pays
est excellent, les villages sont très multipliés et les lieues conséquemment fort courtes. Aussi je doute fort que les lieues de Juliers
à Dusseldorf contiennent autant de toises que les quatre lieues de
Bruxelles à Louvain.

Après avoir parcouru des plaines magnifiques, d'où nous décou-
vrions souvent 10, 12 clochers et quelquefois davantage, nous arrivâmes enfin à un joli village, où nous gîtâmes. Sur le midi, nous
avions été passablement mouillés par l'orage ; le soir, mes deux
compagnons de voyage le furent bien davantage, parce que leurs
jambes ne les servirent pas si bien que les miennes. Ils arrivèrent
bien mouillés, bien crottés, et moyennant du bon feu que je leur fis
préparer ils se séchèrent. Après un mince souper, nous fûmes joindre
notre botte de paille ; nous dormîmes bien, et aux premiers rayons
de Phœbus nous nous remîmes en route. Nous eûmes toujours des
plaines magnifiques, couvertes de villages, de bosquets et de vergers délicieux, et nous arrivâmes sur les 11 heures au bord du
Rhin. Avant d'y parvenir, nous vîmes la petite ville de *Neuss*, qui
n'est distante que d'une petite lieue de Dusseldorf. Nous vîmes sous
ses murs le parc nombreux d'artillerie des Autrichiens, ce qui
nous donna matière suffisante à réfléchir.

Arrivés au bord du fleuve, nous prîmes rang parmi une quantité
innombrable de charrettes et de voitures, qui attendaient leur tour
pour passer à l'autre bord. Un seul bateau faisait le service, et à
l'heure du soir nous n'étions pas plus avancés qu'en arrivant. La
clef d'or est de tous les pays, et comme notre marchande n'était
pas d'humeur de payer gros, je ne vis pas de raison pour que notre
tour arrivât, surtout quand je vis les querelles et les injures se mettre de la partie. Je me décidai donc, de concert avec eux, à me
glisser seul dans le premier bateau et à aller à la ville leur retenir

un gîte, supposé qu'ils fussent assez heureux pour y parvenir avec leur charrette. Je cherchai promptement les parents et les connaissances que j'avais dans cette ville, et grâce à eux je ne couchai pas dans la rue, ainsi que mes camarades qui arrivèrent à 10 heures du soir. Je trouvai Dusseldorf exactement encombré de fugitifs français ou brabançons, et malgré la bonne volonté de mes parents ou amis je sentis qu'il y aurait de l'indiscrétion à abuser de leur complaisance. Je me mis donc dès le lendemain matin en route pour Elberfeld, toujours dans la même compagnie. Je suivis donc ma marchande, dans l'espoir de vivre à meilleur marché en m'éloignant de la foule. Si la loi de l'économie était impérieuse pour moi, elle l'était encore bien davantage pour mon ami, qui était réduit à la fin de ses pièces. Une superbe plaine, semée de vergers et de maisons de campagne, nous accompagna jusqu'à une grande lieue de Dusseldorf. Là commencent les montagnes, et jusqu'à Elberfeld il fallut continuellement monter et descendre, c'est-à-dire cinq grandes lieues. La dernière montagne surtout est fort rapide, et le chemin y est fort mal pratiqué. Une noire forêt la couvre, et une gorge étroite et profonde la sépare d'une autre montagne également triste et lugubre. Enfin nous eussions cru être dans un désert si nous n'eussions rencontré de temps à autre des voitures. Personne de nous n'était venu à Elberfeld, et nous ignorions même son existence deux jours avant. Nous pestions donc de tout cœur contre ce maudit village d'aussi difficile accès, quand tout à coup le voile se lève, et nous découvrons de fort belles maisons, des clochers, de fort beaux édifices, enfin nous contemplons bientôt une ville charmante.

Elberfeld, dans le duché de Berg, est à 6 lieues de Dusseldorf et à 10 de Cologne. Cette ville est située dans une vallée fort étroite, ayant au nord et au midi deux montagnes fort élevées. Au milieu de cette vallée coule un gros ruisseau, qui fait l'opulence de cette ville. Sur la montagne du côté du sud, sont des jardins en terrasse. Là les arbres à fruits et les légumes reçoivent les rayons du soleil et sont à l'abri des mauvais vents. La montagne du côté opposé est couverte de bois jusqu'au bord de la prairie. Les promenades qu'on y a pratiquées, sont d'autant plus agréables que l'art y est pour peu de chose et qu'on peut les prolonger à volonté.

Quant à la ville, elle est beaucoup plus longue que large, rapport à sa position. La plupart des rues sont ornées de beaux trottoirs, d'un grand nombre de beaux hôtels, dont la forme et l'architecture nous surprirent d'autant plus qu'ils étaient nouveaux pour nous. J'y remarquai toutefois beaucoup du goût hollandais, tant par les peintures que par les arbres plantés dans les rues. Mais nous sentions trop le malheur pour être distraits par les objets extérieurs. Nous étions venus ici pour chercher à vivre à bon compte, et nous y trouvâmes les logements hors de prix. Pendant les 13 jours que j'y ai passés, j'ai vécu aussi chèrement que désagréablement. Il nous en coûtait un louis par mois chacun pour être gîtés ensemble sous un escalier, où nous étions dévorés par un essaim de punaises ; et durant le jour, notre hôte qui était boulanger de son métier, était plus épais que le gros et lourd pain qu'il faisait, quoique ce soit le plus massif et le plus mauvais que j'aie rencontré de ma vie. Notre bonne chère était à proportion et n'en était pas moins dispendieuse. Je sentis donc qu'il y aurait de la folie à manger mon dernier écu dans un cul de sac dont les habitants sont de vrais Arabes : les riches ne louent qu'autant qu'ils y trouvent un gros profit, et les autres suivent leur exemple. Ils nous donnèrent les uns et les autres une preuve bien marquée de leur rapacité. Quand ils virent beaucoup d'étrangers dans leur ville, ils firent un décret qui renvoyait tous les Français pauvres, et conservait tous les Brabançons ou Hollandais qui étaient riches. Je laissai donc mon ami sous son escalier et je revins à Dusseldorf.— Elbelfeld est la ville la plus riche et la plus commerçante de ces cantons. Son commerce consiste en manufactures de soie, de coton, de toile et surtout en blanchissage de fil. A une demi-lieue d'Elbelfeld, on voit une autre ville nommée Guémack qui ne le cède en rien à la première. Quelque jour, ces deux villes également commerçantes finiront par se réunir, quoique l'une appartienne à l'électeur de Bavière et l'autre au roi de Prusse. Déjà beaucoup de maisons s'élèvent dans l'espace qui les sépare, et ces deux jolies villes ne dépareraient point du tout les environs de Paris ou de Londres. La religion de ces deux villes est le calvinisme. Si je quittai mon ami à regret, j'avoue que je fus bien ravi d'abandonner mon boulanger et ses punaises. Je montai donc dans la diligence des Capucins, et je vins tranquillement avec mon fidèle compagnon de voyage (mon petit chien) dîner à moitié chemin de Dusseldorf. On me fit languir dans cette diable d'auberge : on me servit deux feuilles de soupe de pain, dans une bouchée il n'en fut plus question. Je demandai du pain, et on ne m'apporta encore que deux petites feuilles de pain. Il fallut bien faire contre fortune bon cœur et me fâcher contre la viande, dont on peut manger dix fois plus que de pain sans paraître ridicule, mais il ne faut pas redemander de pain si on ne veut passer pour un ogre et payer le double. J'ai donc souvent réfléchi qu'un Français en Allemagne, en Angleterre, en Hollande, fait fort mauvaise chère, parce qu'il n'a jamais de pain à discrétion, et un étranger en France doit souvent être attrapé parce qu'il n'a pas assez de viande. A moitié restauré, je pris la route de Dusseldorf, où j'arrivai de bonne heure et le ventre creux.

Dusseldorf, capitale du duché de Berg, est située sur la rive droite du Rhin, dans une belle plaine. Ses fortifications la mettent à l'abri d'un coup de main, et sa position est très propre à faire une place d'armes, ayant le Rhin qui la couvre d'un côté, et il serait aisé de faire enceindre la place. Cette ville n'est pas grande, mais elle est jolie. On y voit deux belles places et des rues bien alignées. La plus grande n'est point encore pavée, ainsi que quelques rues qui aboutissent. Mais ce quartier sera bientôt le plus beau de la ville. Sur l'autre place, en face du palais de l'Electeur, il y a une belle statue équestre de bronze, mais la queue du cheval est ridicule, puisqu'elle traîne à terre. Quant au palais, il est peu de chose par lui-même, mais il renferme une galerie de tableaux des plus précieux. Cette galerie est divisée en cinq salles où se trouvent les chefs-d'œuvres des plus grands maîtres. Dans les trois premières on distingue un *Ecce homo* de Raphaël, saint Jean dans le désert, les Vierges sages et les vierges folles. Dans la cinquième, ce sont ceux de Rubens. J'y admirai particulièrement Socrate dans le bain, et une femme qui tient une bougie qu'une autre veut lui souffler. Au reste, tous ces tableaux, au nombre de 400 au moins, sont si beaux, et on a si peu de temps pour les admirer qu'on en sort avec le regret de n'avoir presque rien vu. Le jardin de la cour sert de promenade publique tout près de la ville ; on y com-

munique par une avenue, et on y trouve de belles allées couvertes,
des eaux coulantes et limpides, des parterres charmants, des mas-
sifs, des jardins anglais, enfin tout ce qui constitue une promenade
agréable et délicieuse. Au bout de cette promenade, on voit une
maison de campagne de l'Electeur, qui sert de point de vue aux principales allées de ce beau jardin.

J'attendais ici ma malle qui était à courir le monde depuis mon
départ de Hall, et quoique j'eusse laissé et envoyé mon adresse
dans différentes villes, je n'en entendais point parler, et je commençais à désespérer de la revoir, quand elle m'arriva un beau
matin, à mon grand étonnement. Je conservai tout ce qui n'était
pas volumineux et bon, et je vendis le reste pour rien, mais je
sentais que je ne pouvais pas rester ici, et les effets sont ruineux
en voyage. Après cette opération, je me décidai à partir pour la
Suisse, où j'espérais au moins trouver la paix.

Je vins retenir ma place au bureau de la diligence : on me donna rendez-vous à l'heure, j'arrivai un quart d'heure avant, et déjà
elle était partie avec une partie de mes effets. Je courus après avec
mon sac sur le dos dans l'espoir de la rejoindre, mais inutilement.
Je vins à pied jusqu'à Cologne ayant bien payé ma place, et je
pestai d'autant plus contre le conducteur qu'il voulait encore que
je payasse le pourboire comme les autres, mais je ne fus pas assez
dupe.

Cologne, ville libre impériale, où il y a un archevéché, est située
sur la rive gauche du Rhin. Son enceinte est immense et pourrait
contenir quatre fois autant d'habitants, quoique la population soit
au moins de 50.000 âmes. Son immense étendue vient, dit-on, de
ce que tout le terrain qui compose la république est enceinté de
murs et qu'il n'y a point de faubourgs. Cette ville, comme toutes
les villes libres impériales, envoie ses députés à la diète et se
régit comme bon lui semble. Cette ville est immense et fort laide ;
presque toutes ses rues sont étroites, basses et hautes, tortueuses
et mal bâties. L'église cathédrale est l'édifice qui fixe le plus
l'œil de l'étranger. Cette magnifique basilique laisse à désirer
qu'elle soit finie, mais il y a tout lieu de croire qu'elle restera im-
parfaite, faute de fonds. Le trésor de cette église passe pour très
riche ; son ostensoir et la châsse des rois Mages sont, dit-on, d'un

prix inestimable. Le Rhin qui y coule majestueusement ses ondes rapides, rend le commerce de cette ville très florissant. Sur la rive opposée à Cologne est la petite ville de Mulheim, avec laquelle on communique par un pont tournant. Ces sortes de ponts sont fort communs en Allemagne, très commodes et d'une mécanique fort simple. On établit un plancher sur deux ou plusieurs bateaux, ainsi que deux gouvernails, et un parapet. On attache ensuite fortement ce bâtiment à une chaîne ou câble qui tient à un petit bateau, celui-ci à un autre, et ainsi de suite jusqu'au dernier, qui est fixé par une ancre au milieu du fleuve. Quand on veut passer, on laisse aller le pont : le courant cherche à l'entraîner, l'ancre et la chaîne de bateau s'y opposent, et le gouvernail nous conduit au bord auquel on veut se rendre. Après avoir couru 24 heures dans cette grande ville, je me procurai une place dans un bateau qui remontait à Mayence, et moyennant 6 francs je fus porté 36 lieues. De Cologne jusqu'à Bonn, le Rhin coule dans une plaine fort unie, et les côteaux sont si éloignés qu'ils offrent rarement au voyageur des points de vue agréables.

Bonn est situé sur la rive gauche du Rhin. C'est la résidence ordinaire des Electeurs de Cologne, dont elle est éloignée de 6 lieues. Cette jolie petite ville se présente en amphithéâtre au bord du Rhin. Le palais et les jardins délicieux de l'Electeur servent de parure et d'ornement à cette charmante ville. La population est à peu près de 10.000 âmes, et son commerce est assez actif. Sur la rive opposée du Rhin, il y a, dit-on, une superbe promenade, nommée l'ancien péage. Mais n'ayant que deux heures à passer dans cette ville, j'eus à peine le temps de voir le beau palais de l'Electeur et de parcourir ses magnifiques jardins, qu'il fallut remonter dans notre bateau.

Plus nous nous éloignions de Bonn, plus le coup d'œil de la ville et surtout du palais électoral devenait imposant et magnifique. Le Rhin paraissait être mis là pour servir de canal à ces superbes jardins, ou plutôt les bosquets, les jardins, le palais même servaient de décoration au fleuve magnifique sur lequel nous voguions. Après avoir joui 2 heures de cette agréable perspective, le Rhin fait un coude et nous en priva tout à coup. Mais les plaines avaient aussi disparu, et des collines et des côteaux fort élevés avaient resserré le cours du Rhin. La première chose qui se présenta à notre vue fut les ruines d'un vieux château, perché à 20 à 30 toises perpendiculaires au-dessus du Rhin ; ensuite, se présenta la petite ville de Lintz, et à chaque instant la scène changeait de face. Là c'était un charmant village, ici de jolis côteaux, couverts de pampres et de vignes, là des vallons remplis de nombreux troupeaux ; enfin le Rhin dans ces parages a des points de vue très variés et très pittoresques. Nous couchâmes, selon la coutume, sur la paille. Le lendemain, nous vîmes Andernach, petite ville située sur la rive gauche du Rhin et qui n'offre rien d'intéressant. A deux lieues de là se trouve Neuwied. Nous longeâmes pendant plus d'une demi-lieue les bosquets, les jardins charmants du prince de Neuwied, qui se prolongent le long des bords du Rhin, et qui rendent les approches de Neuwied délicieuses. On voit ensuite le château du prince qui s'annonce bien et doit être fort beau. La ville enfin s'offre, sur la rive droite, du même côté que les jardins et le château ; vue du fleuve, elle présente l'aspect d'une ville neuve bien alignée et dont les rues semblent fort larges. J'aurais bien désiré la voir de plus près, mais cela ne fut pas possible.

Ehrenbreisten, nom que porte la citadelle de Coblentz, est située sur la cime d'un rocher fort élevé, sur la rive droite du Rhin ayant en face l'embouchure de la Moselle. Trois terrasses taillées dans le roc et garnies de canons tiennent en respect les fleuves, la ville et la campagne. Au-dessus de ces trois respectables terrasses, est un fossé large et profond, et enfin le mur de la citadelle. C'est ici qu'on voit le fameux canon nommé le *Griffon*, qui porte un boulet de 160 livres. Il est aisé de juger, d'après cette légère esquisse, que cette citadelle est de difficile accès, et Louis XIV lui-même ne put s'en emparer. Au pied de la forteresse et sur les bords du Rhin, on voit l'ancienne résidence des Electeurs. Ce palais était d'autant mieux situé qu'en temps de guerre il était à l'abri de toute insulte ayant communication avec le fort. Le Thale est également une petite ville bâtie au pied de la citadelle.

Coblentz, résidence ordinaire des Electeurs de Trèves, est à 18 lieues de Cologne et à égale distance de Mayence. Coblentz est sur la rive gauche du Rhin et à l'embouchure de la Moselle, qui la couvre d'un côté. Cette ville est d'une médiocre étendue et généralement assez mal bâtie. Il en faut toutefois excepter la *rue du Rhin*, qui est large et décorée d'assez beaux bâtiments. La place Verte est une fort jolie promenade, entourée de fort beaux hôtels, ayant tout près de là pour perspective la superbe résidence que l'Electeur actuel vient de se faire construire. Ce magnifique palais forme un demi cercle, dont le milieu est orné de colonnades. Il ne manque à ce bel édifice que d'avoir des jardins et des bosquets plus à portée. — Il y avait près de deux mois que j'avais quitté Hall, et j'imaginais qu'à plus de 60 lieues au-delà je devais trouver la paix. Point du tout : la prise récente de Trèves avait mis tout le monde en l'air, et tout voulait passer le Rhin à la fois. Coblentz était plein comme l'œuf, et il nous fallut bien courir et bien prier pour pouvoir obtenir une botte de paille entre quatre.

Nous remontâmes le lendemain matin dans notre bateau, toujours par le plus beau temps du monde, mais nos idées étaient furieusement noires. Nous trouvâmes à peu de distance de la ville des paysans et des pionniers occupés à faire des abattis et à construire des redoutes, dans les gorges que forment les montagnes. Avec ces travaux, les rochers à pic, les énormes montagnes qui encaissent le Rhin dans ses parages, les rocs, les pierres redoutables au milieu desquelles il roule ses eaux avec fracas, la cruelle position où je me trouvais, ignorant moi-même où je dirigeais mes pas, tout semblait d'accord pour noircir mon imagination et m'inviter à la mélancolie. La nature semble être en ces parages dans un deuil éternel. Si par hasard elle se déride, c'est pour vous montrer ou l'aspect de la guerre ou des choses étonnantes. Là c'est la fameuse citadelle de Saint-Goart, dont les formes et les proportions ont beaucoup de rapport avec celle de Coblentz ; ici c'est l'art qui a forcé la nature, en formant des terrasses depuis le pied jusqu'à la cime des montagnes, en y apportant de la terre et en plantant des vignes dont le jus a beaucoup de réputation en Allemagne. Nous vinmes coucher à l'ordinaire dans un village nommé Kaups. Le lendemain matin, nous rencontrâmes un pont de bateaux construit par les Autrichiens en face d'une petite ville nommée Bacarach. Je fus curieux d'en mesurer la largeur, et je trouvai que le Rhin qui à Cologne, à Neuwied est si large, resserré ici par les montagnes, n'a plus que 550 pas de largeur. Arrivé à Binguin, les montagnes fuient un peu, et bientôt il recouvre sa première dignité. Je vis et j'admirai de loin un château et des jardins appartenant au prince de Nassau : j'eusse bien désiré les parcourir, mais il fallut s'en passer. Nous arrivâmes d'assez bonne heure le quatrième jour à Mayence. Mais avant d'avoir pu délivrer nos portemanteaux des mains des préposés à la fouille des bâtiments qui arrivent, avant que nous eussions nous-mêmes été conduits de corps de garde en corps de garde et même chez le commandant de la place, pour y exhiber nos passeports, il était près de dix heures quand il nous fut permis d'aller chercher un gîte et nous reposer.

Mayence, archevêché et résidence de l'Électeur. La position de cette ville sur la rive gauche du Rhin, et son voisinage de Francfort avec laquelle elle communique par le Mein, rendent son commerce très florissant. Cette ville est grande, assez bien bâtie et très forte. Ses promenades le long des bords du Rhin étaient vastes et magnifiques. La favorite maison de campagne de l'Électeur, à la porte de la ville, était un séjour délicieux. Tout cela a disparu, tout a été rasé, abattu par les Français ou les Prussiens, avant ou pendant le siège qu'elle vient de soutenir. On voit encore les restes de grand nombre de maisons brûlées et bouleversées par les boulets ou obus. La cathédrale elle-même en a beaucoup souffert. On remarque sur la place d'armes le palais de l'Électeur. Ce beau bâtiment sert pendant la guerre d'hôpital aux malades blessés. Le superbe quai qui est pratiqué le long des bords du Rhin, est d'autant plus agréable à parcourir que le commerce y est fort actif. Un très beau pont de bateaux traverse le fleuve et sert de communication avec le faubourg nommé Cassel. Le Rhin est très majestueux ici, et le Mein qui vient s'y décharger un peu au-dessus de Cassel, offre une perspective commerciale et intéressante. Cassel a été singulièrement fortifiée par les Français. Les auberges sont magnifiques à Mayence, et fort belles généralement en Allemagne, où l'on est bien logé et très bien nourri, à la manière allemande toutefois, c'est-à-dire beaucoup de viande et de pâtisserie mais peu ou point de légumes et jamais de dessert. Je fis connaissance à mon auberge avec un marchand qui allait du côté de la Suisse, et moyennant un louis il me conduisit dans une bonne voiture jusqu'à Rastadt. En sortant de Cassel, nous vîmes les restes d'un magnifique village réduit en cendre par les boulets et les obus des Français et des Prussiens. Nous passâmes là le Mein sur un beau pont de bateaux, et après avoir parcouru une plaine immense remplie de millet et de blé de Turquie nous arrivâmes à une petite ville, où nous trouvâmes assez bon gîte si pour couverture on ne nous eût donné un lit de plume, et ce n'est pas trop le cas de se fourrer sous la plume dans le mois d'août, mais telle est la mode allemande, et je n'ai pas la fantaisie de vouloir la changer. *Si Romanus eris, romano vivito more.*

Darmstadt, à huit heures de Mayence et douze d'Heidelberg. Cette ville est fort peu de chose, si on en excepte le château et les différents bâtiments dépendants du château du prince. Elle est situé dans une belle plaine et est la capitale du pays de Darmstadt. Nous voyageâmes pendant plus d'une demi-lieue près des immenses jardins anglais dépendants de Darmstadt, et après avoir parcouru une route fort belle, nous arrivâmes à une petite ville nommée Bensheim, où nous fûmes fort bien régalés par un bon Allemand, l'ami d'un de mes parents, auquel j'étais recommandé. Le lendemain, nous prîmes la route de Heidelberg. De Bensheim jusqu'à cette ville, d'un côté c'est une plaine immense parsemée de prairies et de vergers ; de l'autre, des côteaux, couverts de vignes, de légumes et de toute espèce d'arbres à fruits. En passant dans ce beau pays, je sentis se tracer dans mon cœur l'image des superbes côteaux de la Loire, les belles prairies de l'Anjou, et en le quittant je poussai un profond soupir.

Heidelberg, sur la rive gauche du Necker, à quatre lieues de Manheim et deux de Schwetsingen. Cette ville depend du palatinat du Rhin et a une université. Heidelberg est situé à l'entrée d'une gorge que forment deux montagnes, dont le Necker remplit pour ainsi dire tout l'espace. Un très beau pont construit sur cette rivière conduit à la ville ; à l'un des bouts on voit la statue pédestre d'une Electrice palatine, et à l'autre celle de l'Electeur. La position de Heidelberg participe de la plaine et de la montagne. En suivant le Necker, on voit une plaine magnifique ; en le remontant, on le voit se replier et suivre les sinuosités des montagnes. Si on veut jouir de cette charmante perspective, il faut monter au château. Il ne reste plus que des ruines de ce bel édifice, mais ces ruines sont curieuses. Louis XIV le fit détruire, ainsi que le palatinat, au XVIIe siècle, et pour punir l'Electeur palatin de l'infraction d'un traité, il saccagea un des plus beaux pays de l'Europe et rendit son nom exécrable dans ces contrées. Heildelberg est donc une ville neuve et par conséquent bien bâtie. Son étendue n'est pas considérable, et son commerce ne répond pas à sa position. C'est dans les ruines du château de Heidelberg qu'existe encore l'immense foudre dont tous les dictionnaires font mention. Je l'ai vu et mesuré : il a la forme d'un tonneau, 18 pieds de hauteur, 24 de longueur et 32 de tour ; il est encore très propre et très solide, mais il lui manque un cercle ; et comme ce cercle coûterait fort cher, on le laisse là. Ma curiosité me conduisit le lendemain à Schwetsingen, maison de plaisance de l'Electeur palatin, dont les jardins ont acquis la plus haute réputation d'élégance et de beauté.

Schwetsingen est bâti dans une belle plaine, près d'une petite ville dont il porte le nom. L'Electeur semble se complaire à embellir ce séjour. On y trouve des eaux jaillissantes, une orangerie, des jardins anglais, des statues, de magnifiques treillages, des cabinets chinois, des volières charmantes, des points de vue surprenants, des rochers, des ruines, une petite rivière et une superbe mosquée. Enfin on trouve ici, en abrégé, il est vrai, les beautés de Versailles, de Marly et de Saint-Cloud. Il serait à désirer que le château répondît à la magnificence du dehors, mais le château est aussi mesquin que les promenades en sont délicieuses et admirables. Après avoir monté en haut des tours de la mosquée, d'où je découvris différents camps qui entouraient les cours et les jardins, je me mis en marche pour Bruchal, où j'arrivai après avoir traversé un parc immense rempli de bêtes fauves, et plusieurs beaux et riches villages.

Bruchal, jolie petite ville et résidence ordinaire de l'évêque de Spire. Il y a un superbe palais et grand nombre de maisons dépendantes de son château. La curiosité et le désir de voir Schwetsingen m'avait fait abandonner à Heidelberg mon marchand, et nous nous étions donnés rendez-vous ici. Mais ayant appris à mon arrivée qu'il était parti pour Carlsruhe, je m'acheminai vers cette ville. En sortant de Bruchal, on voit des salines à la porte de la ville, dont la manutention est curieuse mais qui serait trop longue à expliquer.

Durlach, petite ville appartenant au margrave de Bade à une lieue seulement de Carlsruhe. Une superbe avenue réunit ces deux villes, tous les arbres y sont d'une égale beauté, la grande route magnifique et aussi unie que l'allée d'un jardin, d'un côté un petit canal par où montent et descendent les bateaux des deux villes, et des deux côtés des jardins, des potagers, de gros pâturages meublés de troupeaux nombreux. Du milieu de cette magnifique avenue, on voit distinctement les portes des deux villes, et on arrive sans s'en apercevoir à la jolie ville de Carlsruhe.

Carlsruhe peut être regardée comme la capitale des Etats du margrave de Bade. Il y fait sa résidence, et c'est d'ailleurs la plus considérable de ce pays. Le margrave est un prince assez puissant, puisque depuis Durlach jusqu'à Bâle toutes les terres sont presque de sa domination. Ce prince est adoré de ses sujets, aimé et respecté des malheureux Français exilés de leur patrie qui habitent ses Etats. Une des plus agréables jouissances de ce prince, c'est d'embellir les villes et le territoire de sa dépendance. Le palais du margrave à Carlsruhe mérite une description particulière, et pour ses formes et pour son étendue. Il est bâti en demi-cercle, et au milieu s'élève une belle tour percée de croisées dans toute son élévation, et placée tellement que toutes les rues de la ville l'ont pour perspective. En face du château est une belle place, où est rangée une superbe orangerie, et tout autour ce sont de beaux bâtiments. Ces jardins sont magnifiques, on y voit de superbes tapis verts, des allées couvertes, des parterres, des treillages, des potagers, des jardins anglais, un parc immense et surtout des bois magnifiques et parfaitement percés ; mais point d'eau. Voici à peu près la description de Carlsruhe, qui signifie *repos* ou *plaisir de Charles*. La ville est charmante mais peu étendue, c'est une ville neuve bâtie, dit-on, depuis 50 ans. Elle est bien percée, bien alignée. La rue principale est fort large et traverse la ville dans toute sa longueur. Les rues transversales sont et moins longues et moins larges, mais généralement bien bâties. Il serait à souhaiter que les bourses des sujets répondissent au goût du prince. Carlsruhe serait plus élevée, mais le défaut de moyens fait que la plupart des maisons n'ont qu'un étage avec le rez-de-chaussée. Carlsruhe toutefois est très jolie petite ville, qui s'embellit journellement. Je sortis de cette ville par la porte opposée à celle par où j'étais entré, et une très belle avenue de cinq lieues de long me conduisit à Rastad.

Rastad est situé dans une plaine un peu marécageuse, à une lieue du Rhin, 5 de Carlsruhe, 10 de Strasbourg et 3 du Fort-Louis. Cette ville, ainsi que celle que j'avais quittée la veille, m'a paru presque neuve ; elle est petite, mais bien bâtie, ornée d'une belle place. Le prince de Bade a aussi dans cette ville un magnifique palais. C'était là anciennement la résidence de la branche catholique de la maison de Bade, mais celle-ci étant morte sans enfant la branche protestante de Durlach réunit ses États. Quelques personnes veulent trouver une certaine ressemblance entre le château de Rastad et celui de Versailles ; mais j'avoue que, quoiqu'il soit beau, je n'y ai rien vu qui puisse y être comparé. Les dehors de ce palais ne répondent point du tout à la majesté de l'édifice. J'arrivai fort tard dans cette ville, et j'eusse couru risque de coucher dans la rue si les bons Pères Récollets ne m'eussent donné l'hospitalité. C'était la veille d'une foire, les auberges étaient pleines, et le curé du lieu auquel je m'adressai dans la nécessité me reçut très incivilement et acheva de me prouver que le précepte sublime de la charité n'est pas en général la vertu favorite du clergé allemand. Le lendemain matin, dès le lever de l'aurore, un bon religieux conduisit dans ma cellule un ecclésiastique Français attaché au corps de Condé, auquel ils donnaient refuge. Celui-ci m'apprit qu'il y était aumônier et que le corps était campé à deux lieues de Rastadt. Je n'avais point d'affaires pressantes, je n'avais pas même de but déterminé, et j'ignorais moi-même où la Providence arrêterait mes pas et me fournirait les moyens de pourvoir à ma misérable existence. Ma bourse s'épuisait journellement et je voyais arriver la misère, la famine et sa redoutable cohorte. Je pris donc le parti d'aller visiter le camp de Condé, où j'avais beaucoup de parents et d'amis.

Au bout de deux heures de marche, nous découvrîmes les tentes et le camp, situé près d'un village nommé Stolofen, et à portée de canon du Fort Louis, 3 lieues de Bade et de Rastadt, et 2 lieues des Montagnes-Noires.

Si j'entre dans des détails si circonstanciés sur la position géographique de ce camp, c'est qu'en le venant visiter je ne me doutais guère que bientôt j'y ferais nombre, et qu'une malheureuse toile me servirait de refuge contre la fureur des vents, des pluies et des orages. Mais la nécessité fait loi. Je ne savais où aller, où me fixer, où même on voudrait me laisser respirer tranquillement et manger mon dernier écu : toute ma fortune consistait en 25 louis, que je conservai bien précieusement. J'acceptai donc la ressource que me présentèrent mes parents. Je partageai dès la même nuit leur tente ; le lendemain je fus faire ma cour au prince qui me reçut fort obligeamment, m'attacha à la compagnie de mes parents en qualité d'aumônier, et avec 15 kreutzers ou 12 sols d'appointements par jour. Je n'avais point encore approché la France d'aussi près, depuis que j'avais été forcé de la quitter, et mon cœur ne vit point sans émotion les côtes de la chère patrie, malgré les peines incalculables qu'il endurait. Je n'avais véritablement tenté la misère que depuis mon départ de Hall, et déjà je commençais à m'endurcir aux peines et aux fatigues. Quand je me trouvai toutefois avoir pour tout lit une poignée de paille pourrie, étendue sur une terre fraîche et humide, pour couvertures et draps mes habits, pour maison une simple toile si mince et si claire qu'elle me mettait fort peu à l'abri des injures du temps, je pourrais ajouter la vie aussi austère que frugale que j'étais forcé de mener et par raison et par économie (et pour un chanoine cette raison en vaut bien une autre), je sentis un instant toute la dureté de ma position. Mais quand je calculai que je partageais le sort de la noblesse française, de mes parents, de mes amis, je me raidis contre l'adversité et mon noviciat fut de peu de durée.

A l'Armée de Condé.

(1794-1796).

Je passai six semaines au camp de Stolofen, et il fit presque toujours un temps abominable. S'il pleuvait, nous restions sous notre frêle toile, ou nous nous réunissions dans des baraques que nous avions construites dans le voisinage. S'il faisait beau, nous nous promenions ; et quand je pouvais m'échapper seul, j'éprouvais une certaine consolation à réfléchir sur l'instabilité des choses humaines. Si je jetais les yeux sur les côtes de la France, je comparais mon sort, quelque dur qu'il fût, à celui des malheureux Français qui entassés dans les cachots d'un bout de la France à l'autre, y végétaient sous le joug affreux de la tyrannie et voyaient la hache ensanglantée de la guillotine suspendue sur leur tête. Si je tournais mes regards à l'opposé, je voyais les fameuses Montagnes Noires (2), dont l'aspect horriblement beau m'entraînait à réfléchir sur les causes des brouillards épais qui s'élèvent presque continuellement de leur sommet et les confondent avec les nuages. Des volcans souterrains remplissent peut-être leurs vastes et profondes entrailles, et produiront peut-être quelque jour des bouleversements

(1) Voir *Revue de Lille*, XXe année, pages 215, 355 et 432 ; XXIe année, pp. 72.
(2) Les Montagnes Noires, celles des Vosges, sont de vraies ramifications des Alpes, comme on peut le voir de l'observatoire de Manheim.

épouvantables ; les eaux bouillantes qui en jaillissent de toutes parts, semblent autoriser à le craindre.

Baden est située au milieu de ces montagnes, et cette ville est renommée en Allemagne par ses eaux chaudes. Du reste, cette ville serait à peine connue sans le concours d'étrangers qui y viennent de toutes parts, et qui, tout en prenant les eaux pour rétablir leur santé, y ruinent souvent leurs affaires en jouant, ainsi qu'à Spa, Aix-la-Chapelle, des jeux d'enfer. Après six semaines à Stolofen, nous vinmes garder les bords du Rhin entre Rastad et Carlsruhe.

Le village qui fut destiné à ma compagnie se nommait Aw, en face de *Lauterbourg* dont il n'est distant que d'une lieue. Ce pays est très marécageux, mais fertile et bien cultivé. Quand je me trouvai sous un toit, je crus être dans un palais. J'étais couché sur la paille et sur les planches, il est vrai, dans un petit réduit fort froid, dont la porte et la fenêtre fermaient très mal ; mais je me moquais des intempéries de l'air, je ne craignais plus qu'un orage m'inondât ou qu'un coup de vent m'enlevât ma maison au milieu de la nuit. C'est principalement ici que j'ai entendu vanter la bonté et la bienfaisance du margrave. On lui prête le propos suivant : « Le prince de Wurtemberg a fait ce qu'il a pu pour ruiner ses sujets et il n'a pu y réussir ; et moi j'ai fait ce que j'ai pu pour enrichir les miens, et je n'ai pas été plus heureux ». Cela prouve le peu de goût de ce peuple-ci pour le commerce et l'agriculture, car la terre et l'eau semblent agir de concert pour lui prodiguer ses bienfaits.

Je ne fus pas longtemps dans ce maudit village sans regretter ma tente, pour ainsi dire, tant les paysans qui l'habitent sont sales et dégoûtants. Mais c'est la maladie commune aux paysans allemands : leurs mœurs et leurs usages, d'ailleurs, sont si éloignés des nôtres, que je crois devoir en dire un mot. Leurs maisons sont en général beaucoup plus vastes et plus commodes que celles de nos paysans ; mais quant à la tenue et à la propreté, ils sont bien au-dessous. Les hommes et les femmes couchent nus entre deux plumons qui leur servent de draps et qu'ils ne lavent que deux fois l'année au plus. Ils couchent toujours dans leur stoup ou poêle. La première chose qu'ils font, c'est de l'allumer, quelquefois de le rougir, au point qu'un étranger n'en peut supporter la chaleur ; il faut pourtant aller s'y gîter, car ce serait un crime impardonnable d'ouvrir une croisée ou la porte. C'est à ce poêle qu'ils font sécher de jour et de nuit leurs bas sales, leurs chemises, leurs habits, et les langes et paillasses pleines d'ordures de leurs enfants. La douce fumée qui s'en exhale, n'est rien moins que suave, mais ils croient la réparer en faisant brûler quelques pelures de pommes dont l'odeur en effet est assez agréable. A peine sont-ils levés, que le mari peigne sa femme sur la table, la femme le mari, et ainsi de suite. Ils se mettent peu en peine de tuer tout ce qui tombe, ils soufflent, ainsi il y en a pour tout le monde. Si quelqu'un arrive, il est de la politesse de lui rendre le même service ; il s'y prête de la meilleure grâce, et la scène recommence. La première leçon qu'on donne aux enfants c'est de savoir *épouiller proprement* leurs parents. Les paysans allemands sont, d'ailleurs, fort sobres, ne boivent de bière que le dimanche, mangent peu de pain, beaucoup de pommes de terre et de légumes, et la viande sans pain quand ils en ont. Voici donc l'aimable et charmante société à laquelle le sort nous réduit : le jour, empestés, dégoûtés, étouffés ; la nuit, gelés, morfondus et dévorés sur notre paille par un essaim incalculable de vermine. La belle chose qu'une Révolution ! elle apprend à savoir apprécier et mépriser son existence !

Nous sommes, dit-on, à la veille d'aller prendre des quartiers d'hiver dans la Forêt Noire ; et pour me consoler, ces Messieurs m'assurent que les paysans de ces montagnes joignent à la malpropreté des paysans du margraviat d'être presque tous galeux. Je prends d'avance mon parti en brave, j'en suis réduit au point de n'avoir plus rien à redouter, pas même la mort, que je verrais, ce me semble, arriver d'un front serein. Mais avant de sortir des marais fangeux qui bordent le Rhin, et où un brouillard perpétuel nous prive habituellement de la vue du soleil, je dois ajouter quelques observations qui sont communes à l'Allemagne en général. Si l'Allemand est dur, sale, peu sensible et généreux, il est en revanche franc, sobre, patient et religieux. Les Allemands sont généralement musiciens, et il n'est si petite paroisse qui n'ait son orgue et quelques joueurs de violon ; les hommes et les femmes, accompagnés de leurs orgues, chantent en parties et très bien les louanges du Seigneur. Un usage encore fort bien établi en Allemagne, c'est d'avoir dans chaque village des hommes gagés, qui le parcourent toute la nuit et répètent chaque heure en soufflant dans une cornemuse. Cette police bien exercée empêche beaucoup de vols de nuit. Il faut avouer toutefois, à la louange du peuple de ces contrées, qu'ils auraient moins besoin d'être surveillés que d'autres : les vols y sont fort rares, aussi ne s'y méfie-t-on point les uns des autres. Leurs granges et leurs caves sont ordinairement au milieu des champs, et jamais on n'entend dire qu'il y soit arrivé le plus léger accident, si ce n'est par les gens de guerre. Le froid affreux qu'il fit cette année (1794) et qui fut tel que le Rhin gela, fut un arrêt qui nous força de rester où nous étions. Nous eûmes cruellement à y souffrir, et pour mon compte j'en fus quitte pour un érésipelle qui me fit enfler la tête comme un boisseau. Enfin le temps de quitter notre cloaque étant arrivé, nous le quittâmes avec jubilation, et nous nous dirigeâmes, par Carlsruhe, Durlac, Bruchal, vers un petit village nommé Kirloch, où notre compagnie se reposa, tandis que les autres furent garder le Rhin vers Philisbourg.

Kirloch est un joli bourg situé au milieu d'une plaine, entourée d'une forêt. Tout ce pays dépend de l'évêque de Spire, et ce prélat tient ses malheureux vassaux sous un joug de fer. Ces malheureux, quoique situés au milieu d'une immense forêt, sont obligés de payer le bois à un prix exorbitant. Les peines pécuniaires ou pénales sont très sévères contre ceux qui ramasseraient même le bois mort ou pourri. Les bêtes fauves que des gardes nombreux conservent avec grand soin, y sont multipliées à l'infini et ravagent impunément la moisson du laboureur. Tandis que nous y fûmes, je sais que plusieurs milliers de sangliers, cerfs ou chevreuils vinrent visiter nos marmites. Le bon curé de Kirloch, dont l'urbanité allemande me réconcilia avec les ecclésiastiques de ces contrées, m'assura que le peuple le plus serf de l'Allemagne était celui qui se trouvait sous la domination de l'évêque de Spire. Cette servitude s'étend jusque sur son clergé. Aucun curé ni prêtre de son diocèse n'a le droit de tester, et l'évêque est l'héritier naturel de tous les prêtres. Si quelqu'un donc veut faire passer son patrimoine à sa famille, il faut qu'il en achète le droit, ce qui coûte en raison de la fortune : encore faut-il renouveler ce droit chaque année.

Après avoir passé un mois à Kirloch, l'ordre nous arriva enfin d'aller prendre nos quartiers d'hiver dans la Forêt-Noire. Ce fut le 9 février. Lorsque je l'annonçai au bon curé, il n'y eut point d'instance qu'il ne me fît pour m'engager à rester chez lui, m'assurant qu'il me traiterait en frère. Mais je conserve avec plaisir le souvenir de son honnêteté, et j'imagine que j'ai bien fait de n'en pas profiter.

Nous n'avions que quatre jours de marche, mais nous avions les Montagnes Noires à gravir, et le dégel qui commençait précisément ce jour-là nous annonçait toutes les fatigues que nous allions avoir à supporter. Marcher dans une boue quasi jusqu'au jarret était la moindre de nos peines, mais chaque gorge, chaque ravin vomissait un torrent qu'il fallait franchir au péril de la vie, et plusieurs y eussent assurément péri sans le secours mutuel qu'on se donnait. Après des peines et des fatigues incroyables nous arrivâmes à *Phorsheim*, ville appartenant au margrave de Bade. Elle est assez bien bâtie et commerçante, dit-on. Les maisons de cette ville annoncent l'aisance des habitants, mais sa position au milieu des montagnes ne me plaisait guère. Les terres que nous eûmes à parcourir jusqu'au lieu qui nous était destiné, étaient beaucoup trop grasses, car nous en portions au moins quatre livres à chaque pied. Les habitants sont bonnes gens mais vifs, brutaux et quelquefois insolents, et faute de s'entendre il nous arrive souvent des tragédies dans le Wurtemberg. — Un paysan frappé ou molesté, le voisin prend fait et cause, le tocsin sonne, et souvent d'une querelle particulière on en fait une générale, où il y a beaucoup de sang répandu, et cela le plus souvent pour une bagatelle.

Vindelsheim est le nom du bourg qui fut destiné à la compagnie à laquelle j'étais attaché ; et comme nos Messieurs y avaient déjà passé l'hiver précédent, nous y fûmes parfaitement accueillis par les habitants. On ne m'avait point trompé en me disant que ces paysans étaient encore un peu plus sales (et presque tous galeux) que ceux qui habitent les bords fangeux du Rhin. Les premiers sont tristes, grossiers et imprégnés des principes révolutionnaires ; les seconds sont tout aussi épais mais vifs, joyeux et très irascibles, et si l'on a querelle avec un, tous sur-le-champ prennent son fait et cause. On voit fort peu de paysans en Allemagne qui ne soient propriétaires. Aussi rencontre-t-on rarement des maisons de campagne appartenant aux bourgeois, ni de petits gentilshommes habitant leurs gentilhommières ; mais dans les bourgs toutes les maisons se ressemblent. Elles ont toutes deux étages en comptant le rez-de-chaussée, des croisées de verre, et ces maisons sont à tout égard plus vastes et plus commodes que celles de nos villageois. Les pauvres sont cependant fort communs dans ces pays. La charité mal entendue des habitants l'autorise et en augmente le nombre ; jamais un pauvre n'est refusé à la porte, il reçoit toujours de l'argent ou du pain, et il a la liberté, si bon lui semble, d'entrer, de s'aller asseoir près du poêle et de s'y chauffer aussi longtemps que bon lui semble.

Le comté d'Honhenberg, dans la Forêt-Noire, est d'une assez grande étendue. Il contient quatre villes, Rottembourg, Orb, Willingen et Hohenberg. Cette dernière n'a de remarquable que les restes de son antique château dont on voit encore les ruines. L'illustre et ancienne maison de Hohenberg tirait son origine de cette ville. Cette famille s'éteignit en 1300, et ses grands biens passèrent à la maison d'Autriche.

Rottembourg est située sur la rive gauche du Necker, au pied d'une montagne qui se termine là. Elle a pour perspective un charmant bassin, meublé de quantité de riches villages. La ville par elle-même n'offre rien d'intéressant, mais en revanche les environs ont de quoi satisfaire la curiosité. A trois lieues vers le Sud, on voit sur une haute montagne le château des princes de Hohenzollern, berceau des ancêtres du roi de Prusse. Au couchant, les personnes pieuses verront avec intérêt une belle chapelle dédiée à la Sainte Vierge, sous le nom de Notre-Dame Veckendal. Au sud et à un quart de lieue de Rottembourg, était située sur une élévation la ville de Landscrone, si célèbre dans les annales allemandes par le malheur de ses habitants. Elle fut détruite le même jour de fond en comble par un tremblement de terre, mêlé à un déluge qui lui succéda. Cette terrible catastrophe arriva l'an 1112 au mois d'août ; ainsi l'annonce un pilier placé sur le lieu même.

Les villages du Wurtemberg et ceux appartenant à l'Empereur sont fort mêlés. Les catholiques sont à l'Empereur, les luthériens au duc de Wurtemberg, c'est la même chose dans le Brisgau.

En venant prendre nos quartiers d'hiver, je passai à quelques lieues de Stuttgard et de Louisbourg, deux villes charmantes. La première est capitale, et la seconde résidence ordinaire des princes, mais je n'ai pas eu le temps de venir visiter deux villes si dignes d'ailleurs de curiosité.

Tubingen, ville du duché de Wurtemberg et Université. — C'est ici que les sujets du duc viennent faire leurs études. Ils sont dans une espèce d'uniforme qui consiste dans un manteau noir et un rabat. La ville est petite et n'offre de remarquable qu'un vieux château qui domine la ville et qui fut autrefois très fort. La seule religion de Tubingen est le luthéranisme. Le sol y est aussi fertile qu'aux environs de Rottembourg et les terres de ces contrées jamais ne se reposent et sont toutes cultivées tous les ans. Je crois qu'une des raisons qui rendent ce pays si abondant, c'est que les bestiaux ne sortent jamais de l'étable et font conséquemment beaucoup de fumier : aussi toutes les terres en sont-elles parfaitement couvertes au printemps. La seconde et la meilleure, c'est que les terres sont tellement divisées que chacun peut cultiver à son aise sa légitime. Mais si les habitants du Wurtemberg ont le talent de fertiliser leurs terres, ils sont d'une grande ignorance pour élever les arbres à fruit. A peine y trouve-t-on quelques pommes, quelques mauvaises cerises, et des prunes et des poires sauvages. Mais c'est la maladie invétérée de l'Allemand : avec la bière le fruit ne vaut rien.

Après avoir passé 3 mois à Vindelsheim, nous reçûmes ordre de revenir aux bords du Rhin, et nous prîmes notre route par *Orbe*. C'est une petite ville du cercle de Souabe, à peu près de la même grandeur et population que Rottembourg, c'est-à-dire petite et mal bâtie. Mais la position de celle-ci au milieu des gorges de la Forêt-Noire n'en doit pas rendre le séjour agréable. Le second jour de marche, après avoir parcouru quelques petites plaines et surtout beaucoup de gorges et de montagnes, nous arrivâmes à *Sultz*. Cette petite ville dépend du duché de Wurtemberg et est située sur le Necker, qui est ici près de sa source et n'est proprement qu'un ruisseau. Cette petite ville avait été presque entièrement consumée par un violent incendie quelques mois auparavant et n'offrait que l'aspect de la désolation ; cependant les habitants qui y sont généralement riches, avaient déjà reconstruit une partie de leurs maisons. On voit des salines près de cette ville, où le sel se fait de la même manière qu'à Bruchal. Cette petite ville était anciennement défendue par un château dont on aperçoit encore les décombres sur une montagne voisine ; il fut détruit, dit-on, par Turenne.

Oberdorf, petite ville du cercle de Souabe, appartenant à la maison d'Autriche. — C'était là qu'était situé l'hôpital de l'armée de Condé, et où grand nombre de chevaliers français ont terminé leur triste carrière. Cette ville n'offre rien de remarquable qu'une chapelle superbe, qui, je crois, fut construite sous l'inspection des Jésuites : au moins, ai-je cru y reconnaître leur genre, et qui plus est leur costume dans quelques tableaux. Du reste, cette chapelle est de la plus grande élégance ; la grille de l'orgue mérite attention, et le plafond peint en médaillon et par compartiment.

Seramberg, jolie petite ville de la Forêt-Noire, quoique dans une position fort peu agréable. Elle est exactement située au fond d'un entonnoir ; et quand on y est, de quelque côté que l'on regarde, l'œil a peine à mesurer la hauteur des montagnes qui l'environnent de toutes parts. Ses rues sont peu nombreuses mais bien bâties. On y voit un joli château moderne, dont une aile vient d'être emportée par la rapidité des torrents qui coulent des montagnes. Sur la plus voisine était bâti un château très fort, dont on voit encore les restes. — Cette montagne, quoique d'une élévation médiocre en comparaison de celles qui l'avoisinent, est à pic ; trois fossés taillés dans le roc défendaient encore l'approche du château, et avant l'invention du canon on pouvait regarder cette forteresse comme imprenable. Elle fut construite l'an 1011 et détruite dans le XVIIe siècle par les Suédois. Pour y arriver, il faut descendre pendant une heure au moins. Mais aussi pour en sortir faut-il s'abonner à monter pendant 2 ou 3 heures. Les hommes, les animaux, les oiseaux mêmes semblent être incarcérés dans ces gorges ténébreuses, et rarement le soleil y fait luire ses brûlants rayons. Si ce sombre coup d'œil n'est point agréable à l'homme qui est joyeux, ce désordre de la nature a beaucoup d'attraits pour l'homme triste et réfléchi ; si la vue est réservée horizontalement, elle n'en offre pas moins à chaque instant des sites aussi majestueux que pittoresques. Là, c'est une source d'eau vive qui descend rapidement en parcourant des prairies qu'elle féconde ; plus haut, ce sont des terres labourées à force de bras et à la sueur du front du laboureur ; plus haut encore, ce sont des terres incultes parsemées de simples et de rochers menaçants ; la crête enfin ou est chauve ou terminée par des forêts dont les différentes nuances de vert récrée la vue. Quelquefois un gros ruisseau descend avec fracas du sommet des montagnes et se précipite au travers des rochers qu'il a creusés. Près de Seramberg, on en trouve un pareil qui borde la route, qu'on a tracée en circuitant les montagnes ; il fait quelquefois des chûtes assez considérables, et l'eau blanche d'écume court avec rapidité se précipiter de nouveau. Les habitants de ces montagnes paraissent plus sauvages et moins policés que ceux de la plaine, mais ils possèdent de nombreux troupeaux et paraissent fort aisés.

Hornberg, ancienne ville d'Allemagne dans la Forêt-Noire, située au pied d'une montagne fort élevée, avec une forteresse délabrée. — Cette ville n'est ni grande ni bien bâtie et fait partie du duché de Wurtemberg. En sortant de cette ville, la gorge s'élargit peu à peu, et bientôt on se trouve dans une belle et riche vallée, nommée Goutachk. Les bourgs et les villages n'y sont pas réunis comme dans les plaines, et il n'est pas rare de trouver des villages de près de 2 lieues d'étendue. Les maisons de ces paysans sont vastes et annoncent leur aisance, mais elles sont bien incommodes : elles n'ont point de cheminées, et la fumée sort par les fenêtres et les galeries. Leur costume est tout aussi ridicule que leurs maisons. Les arbres fruitiers sont très communs dans cette charmante vallée ; les cerisiers, les pommiers, les noyers se serrent le long des bords fleuris de la jolie rivière qui l'arrose. Après avoir rencontré les petites villes d'*Olzac* et *Ertzac*, on arrive à Walkirick.

Walkirick ne passe que pour un bourg, mais ce bourg est plus joli et sans comparaison plus considérable que toutes les horreurs de villes dont je viens de parler. Sa position au milieu d'une vallée riche et féconde, des rues bien droites ornées de jolies places, de belles maisons, une collégiale dont l'église est fort belle et où l'on trouve un joli dôme, de beaux tableaux enfin où l'élégance et la richesse se le disputent, m'ont donné de ce lieu une tout autre idée que celle qu'on attache à un village. La nature s'est déjà déridée à Walkirick, déjà la vallée ressemble à une plaine, les montagnes s'écartent bientôt tout à fait. On se trouve alors dans un climat nouveau, et les oiseaux semblent ici s'empresser de chanter et de célébrer les faveurs de Cérès et de Bacchus, perchés sur les ceps ou se balançant sur les épis. Après trois heures de marche dans ce charmant pays, on arrive à Fribourg.

Fribourg, capitale du Brisgau. — L'étendue de cette ville n'est pas fort considérable, mais sa position est fort heureuse : de trois côtés des plaines riches et fécondes et au sud des côteaux couverts de vignes, qui sont eux-mêmes surmontés par de hautes montagnes couronnées de forêts. La rue principale de Fribourg est fort belle, mais les autres rues n'y répondent pas. Ce qu'on admire le plus ici, c'est la tour de l'église principale, qui passe pour la plus belle de l'Allemagne ; mais du côté de la France il ne faudrait pas aller plus loin qu'à Strasbourg pour en voir qui le surpassent en hauteur et en élégance. La population de cette ville est, dit-on, de 10.000 âmes. Fribourg a été pris trois fois par les Français, mais Louis XV en 1744 fit démolir les trois châteaux situés sur une montagne voisine et qui faisaient toute la force de cette ville, car par elle-même un simple mur et la petite rivière du Trissen en défendent l'approche.

Brisac-le-Vieux. — Cette ville, autrefois capitale du Brisgau, est située sur une élévation, sur la rive droite du Rhin. Sa position est très heureuse soit comme ville de guerre soit comme ville particulière, rapport à la fertilité du sol et l'agrément de la perspective. Les Français ont plusieurs fois pris cette ville et en avaient démoli les fortifications. Aujourd'hui cette ville n'est plus qu'un tas de décombres, depuis l'affreux bombardement qu'elle a essuyé en 1793 ; il ne reste exactement dans la haute ville qu'une partie de l'église et quelques baraques ; toutes les maisons, les hôtels ou édifices publics n'offrent plus que quelques pans de murs et l'aspect de la désolation. La ville basse a moins souffert, mais n'en est pas moins brûlée aux trois quarts. Quel affreux fléau que la guerre ! — Nous fûmes campés à une lieue et demie de cette ville pendant huit jours et nous vînmes ensuite établir notre camp entre Fribourg et Bâle, près d'un village nommé Strinstad, à demi-lieue de Neubourg.

Neubourg. — Ayant fait l'année dernière mon apprentissage de camper, je me trouvai fort content quand on m'annonça qu'il n'y avait point de tente pour l'aumônier et qu'on me donnerait à Neubourg un billet de logement. Je revins donc bien vite à Neubourg, et mon billet de logement me porta chez un vicaire ou chapelain de l'église, homme rustre et si grossier qu'il battait et assommait chaque jour sa malheureuse servante, et si j'écrivais l'histoire des événements de mes voyages celui-ci pourrait y figurer d'une manière intéressante, mais non par honneur pour son caractère. Je le quittai pour une personne charmante et dont le souvenir me sera toujours cher. — Je fis connaissance tout en arrivant avec la femme du bailli du lieu, jeune, aimable, parlant très bien français, qui me tira du mauvais gîte que j'avais, m'en procura un chez elle, et son mari voulut bien m'admettre à sa table, en payant, bien entendu. Je passai six mois fort heureux dans cette aimable société. La femme était charmante, le mari fort instruit parlait très bien le latin et était rempli de talent. Bientôt je vins à bout de l'engager à rendre le même service à quelques-uns de mes amis, et nous formâmes alors une société délicieuse. Le camp était notre but de promenade quand il faisait beau ; et quand il faisait mauvais, la maison du bailli servait de refuge à mes amis. Mon pauvre Pégase qui s'était endormi depuis Hall, se réveilla tout à coup en faveur de mon aimable hôtesse : elle voulut l'acrostiche de son nom, et je l'arrangeai ainsi...

Neubourg était encore au commencement du XVIIIe siècle une ville riche et florissante. On y comptait 14 églises, 60 maisons de barons. Un des derniers maires de cette ville était de la maison de Baden. Sa position, d'ailleurs, sur les rives du Rhin en faisait les délices des habitants du Brisgau. Cette ville était fortifiée et partagée par un bras du Rhin. La majeure partie était dans l'île, et aujourd'hui il n'en reste nulle trace. C'était là qu'était située une riche collégiale de 17 chanoines. Les armées de Louis IV détruisirent de fond en comble cette malheureuse cité ; et pendant dix ans que les Français en restèrent les maîtres, il n'y resta pas un habitant. Tous s'enfuirent dans les montagnes et furent se fixer dans divers endroits. Neubourg aujourd'hui n'est proprement qu'un pauvre village, quoiqu'il conserve le titre de 3e ville du Brisgau.

Tandis que j'habitais Neubourg, et l'armée le camp de Steinstad, le quartier général du prince était à *Mulheim*, distant d'une demi-lieue de Neubourg. Les habitants de Mulheim sont luthériens, fort riches, et le bourg 6 fois plus considérable que la ville prétendue de Neubourg. La position de Mulheim, sur la grande route de Bâle à Fribourg, rend ce lieu fort commerçant ; et son voisinage de la fameuse Montagne Bleue au pied de laquelle il est bâti, le rend d'autant plus intéressant, qu'avant de pouvoir parvenir à attaquer le pied de cette montagne on est forcé de passer sur des ruines romaines et des mines d'étain, de cuivre et d'argent. Ces curiosités se trouvent près les restes du vieux château de Baden Veyer, appartenant au margrave. C'est à ce prince qu'on a l'obligation d'avoir fait décombrer et d'avoir mis à l'abri des injures des temps les précieux restes des magnifiques bains romains qu'on y admire. Ils consistent dans 4 salles publiques, séparées les unes des autres et arrangées symétriquement : 200 personnes au moins pouvaient se baigner dans chacune de ces salles. On voit, en outre, des bains particuliers, et des vestibules pour s'habiller et se désha-biller. J'y ai remarqué sur un tronçon de colonne que ces bains étaient dédiés à Diane ; on y lit très distinctement ces mots : *Dianæ abnopæ*. Les eaux de Baden Veyer sont, dit-on, très bonnes pour les maladies de peau : anciennement elles étaient, dit-on, fort chaudes ; mais la source bouillante s'étant unie avec d'autres froides, elles ne sont plus que tièdes. Les mines d'étain, de cuivre et d'argent dont j'ai déjà parlé, forment un côté de la base du Mont Bleu : mais ces mines sont peu abondantes. Ce fut par là que je grimpai au Mont Bleu. Je mis 3 h. 1/2 avant de pouvoir parvenir au sommet ; mais une fois arrivé, j'y jouis abondamment du fruit de mes peines et de mes sueurs. De là, je pouvais compter nombre de villes et de provinces ; à mes pieds je voyais le Brisgau et l'Alsace, ma vue se perdait dans les gorges des montagnes de Franche-Comté ; du côté de la Suisse et de la Forêt-Noire, les montagnes entassées les unes sur les autres m'offraient une espèce de ressemblance avec les flots irrités d'une mer en courroux ; enfin de là je voyais distinctement le lac de Constance qui en est éloigné de 30 lieues. Après avoir longtemps contemplé une heure entière les différentes beautés qu'un horizon aussi immense offrait à ma vue, je sentis qu'il était temps de ne pas m'oublier davantage, et je me remis en route pour Neubourg. En descendant par des sentiers plus rapides que ceux par lesquels j'étais monté, plusieurs aigles qui partirent à mes pieds m'effrayèrent par leurs cris aigüs. Après une heure d'une course rapide, j'arrivai enfin au pied de la montagne. J'était excédé de fatigue et de sueur (c'était le 16 juin 1795). J'entrai dans la première chaumière qui se présenta sur ma route, et je recouvrai mes forces en buvant à longs traits d'un lait exquis.

Ce fut à peu près à cette époque que nous apprîmes la mort de notre jeune et infortuné monarque. Mgr le prince de Condé rassembla au camp de Steinstad tous les corps de sa petite armée, et en ayant formé un bataillon carré, on célébra au milieu une messe pour le repos de l'âme du feu roi ; et le prince, dans un discours aussi éloquent que pathétique, proclama ensuite *Monsieur* roi de France, sous le nom de Louis XVIII. Les cris de *Vive le Roi,* cri jadis si chéri des Français, fut mille et mille fois répété, et pénétra nos âmes. Je sentis mes joues inondées de mes larmes, moitié de ces larmes douces que m'inspirait ma confiance en Dieu, moitié de douleur et de crainte que sa main appesantie sur ma malheureuse patrie ne me permît jamais d'y voir enfin reluire l'aurore d'un beau jour. Milord Crafford assista à cette solennité et ne contribua pas peu à l'embellir ; il venait annoncer, en qualité d'envoyé du roi d'Angleterre, que le corps de Condé était à la solde anglaise et que le prince était autorisé à fixer lui-même la solde de ses troupes et à en augmenter le nombre autant que possible. Déjà beaucoup de personnes voyaient l'armée devenir formidable et en tiraient toutes les conséquences possibles. Mais, hélas ! si nous sommes les jouets de la fortune, nous le sommes bien plus de la politique barbare qui nous tue en se tuant elle-même. Le seul bien réel qui nous en revint, ce fut de sortir de l'affreuse misère où nous étions. Je vivais depuis un an avec 15 kreutzers par jour, je m'en trouvai 33 et je me crus encore une fois riche. Du reste, on nomma 4 cadres d'infanterie et autant de cavalerie avec de forts appointements pour les officiers, qui furent payés pendant 3 mois et ensuite réduits à moitié. Quant aux cadres, ils ne purent jamais se compléter pour plus d'une bonne raison, mais la joie n'en succéda pas moins à la tristesse, et une honnête médiocrité à la misère. Notre temps se passa donc assez gaiement, et nous ne laissâmes échapper aucune occasion de l'égayer. Par exemple, le jour de la saint Laurent, nous célébrâmes la fête de notre bon bailli en chantant en chœur, sur l'air de Mahomet, la chanson suivante... Il courut aussi à cette époque nombre de vers...

C'est à de semblables bagatelles que se passèrent les six mois que je vécus à Neubourg et l'armée à Steinstad, et au bout de ce temps on reçut ordre le 3 décembre 1795 de plier les tentes et de se mettre en marche pour Bruchal. Tout annonçait une campagne d'hiver, et chacun se flattait de passer incessamment le Rhin. Le sixième jour de marche, nous reçûmes ordre de nous arrêter à Varenhalt, Rastad et environs. Tous les jours nous entendions gronder le canon, et on s'attendait à chaque instant à marcher, quand enfin nous apprîmes la nouvelle de l'armistice. Il ne fut donc plus question que de prendre des quartiers d'hiver, et le village qui fut destiné à la compagnie à laquelle j'étais attaché, s'appelait Käppel.

Les lieux les plus remarquables que j'aie parcourus dans ces six jours de marches, sont : *Ettenhein*, lieu de la résidence du cardinal de Rohan, qui nous accueillit avec l'honnêteté et l'urbanité françaises. — *Offenbourg*, capitale de l'Orteneau, ville libre impériale, son étendue toutefois est très peu considérable et consiste en grande partie dans une rue fort longue et assez bien bâtie. cette ville n'est qu'à quatre lieues de Strasbourg, dont on voit parfaitement le magnifique clocher. — *Salzbach*, lieu intéressant dans l'histoire, puisque c'est à deux cents pas de ce village que le maréchal de Turenne fut tué d'un boulet de canon. On montre encore un vieux noyer, sous lequel ce grand homme expira, et on lit sur une pierre triangulaire de trois à quatre pieds de haut en latin, français et allemand : « Ici fut tué Turenne, le 27 juillet 1675. » Tout près de là existait un beau mausolée qui a plutôt été détruit par les voyageurs ou les étrangers que par le laps de temps. Il n'en existe plus que quelques pierres de marbre noir, dont il n'y en a pas quatre qui tiennent ensemble. Tout à côté de ce mausolée est une jolie petite maison, qui était donnée pour retraite à un vieil officier du régiment de Turenne avec une pension proportionnelle à ses services. On vous fait voir aussi l'ordre de bataille de Montecuculli et de Turenne. A une lieue de Salzbach est un gros bourg nommé Bulle, où fut placé le quartier général.

Je passai donc trois mois à Kappel, chez un bon cordonnier, bien sale et bien puant, qui me procura toutefois un méchant grabat, et pour un pauvre soldat c'est une bonne fortune. Je vécus la plupart du temps chez le curé du lieu, homme de mérite et renommé par ses vertus chrétiennes. Je me serais fort arrangé de ce genre de vie, quoique pendant le carême j'eusse passablement d'occupations soit à confesser soit à faire quelques petites exhortations le dimanche à nos Messieurs. Je suis tenté de vous en donner un échantillon. Tant pis pour celui qui s'avise de me lire, je ne l'en ai pas prié, il faut qu'il me prenne tel que je suis et qu'il se prête alors à mes fantaisies. Le lecteur ne sera peut-être pas, d'ailleurs, fâché de voir la manière dont je m'expédiais à ma place. Du reste, soyez tranquille, je ne serai pas long ; je vous ferai grâce des trois quarts et demi au moins, vous m'en devez tenir compte.

Si consurrexistis cum Christo, quæ sursùm sunt sapite, quæ sursùm sunt quærite, non quæ super terram...

Si nous sommes, en effet, ressuscités avec Jésus Christ, si nous l'avons pris pour modèle, si nous nous sommes attachés à l'arbre de vie, c'est de là que nous devons envisager les dignités, les faveurs, les futilités du siècle. Toutes marquées au coin de la corruption, un souffle les a détruites, les a fait disparaître comme la fumée agitée par le vent ou le nuage qu'emporte la tempête...

Si j'adressais la parole à des hommes ordinaires, je leur dirais, etc. — Mais non, j'adresse la parole à des chevaliers chrétiens, à des hommes dont l'excellence de l'éducation, la vivacité de leur foi, l'amour de leur roi, leur fit franchir tous les obstacles, vaincre toutes les difficultés, abandonner, quitter, sacrifier même les objets les plus tendres, les plus précieux, comme les plus chéris, pour se dévouer à la cause des autels et relever le trône de leur roi.

Telle fut, chevaliers chrétiens, la règle de votre conduite dès l'origine de nos malheurs. La religion, l'honneur vous font donc une loi impérieuse d'être conséquents à vos principes ; et je crois qu'il est de mon devoir de vous dire et de vous répéter que plus la cause que vous avez embrassée est sainte, plus votre conduite doit y répondre. Je crois que je dois vous répéter que si vous voulez relever et l'autel et le trône, vous devez renoncer au péché, à vos anciennes habitudes, participer aux sacrements de l'Eglise, obéir à vos chefs, vous rendre réciproquement tous les secours qu'exige la charité fraternelle, vous aimer, vous chérir comme une grande famille qu'unit le malheur...

Croyez-vous, en effet, chevaliers, que si le Ciel permet que vous rentriez dans votre patrie, croyez-vous que tous les yeux des Français ne seront pas ouverts sur votre conduite ? Croyez-vous qu'ils ne soient pas en droit d'attendre de vous que vous leur prouviez que vous êtes aussi bons chrétiens que vous fûtes valeureux dans les champs de la gloire ?

Non, Messieurs, en vain je chercherais à vous le dissimuler ! Le temps des illusions est passé ! Le voile est tombé ! la révolution des mœurs, la décadence des principes religieux ont amené la révolution de l'État, la décadence de la Monarchie. Tous vos efforts pour les relever seront donc vains et inutiles, jusqu'à ce que vous ayez reconquis ces bases essentielles des sociétés. Avec elles le gouvernement s'est écroulé, il ne peut se rétablir que sur elles et par elles. Serait-ce, en effet, sur le sable mouvant des factions ou sur l'abîme de l'athéisme qu'on voudrait asseoir un empire ? Non, un peuple sans Dieu, sans lois, sans humanité, ne peut pas plus relever que conserver un empire. Il n'est qu'une seule contre-révolution qu'il nous soit permis de désirer, puisqu'il n'en est qu'une qui puisse être durable, c'est la contre-révolution morale. Tant que nous serons impies et méchants, tout changement, tout adoucissement à nos peines devient impraticable ; et si par hasard il arrivait, il ne durerait qu'un instant. En vain combinera-t-on l'athéisme, le luxe, la vanité, la science. Quel résultat espérera-t-on tirer de ces éléments empestés ? il en découlera nécessairement la discorde, le meurtre, le brigandage, l'anarchie...

Ressuscitez donc au Seigneur, Messieurs, je vous en conjure. Offrez-lui en réparation de vos fautes, de vos iniquités, de vos crimes, offrez-lui vos peines, vos douleurs et vos larmes, j'oserais même dire l'espèce de martyre auquel vous vous êtes dévoué ! Dites-lui : « Seigneur, vous connaissez la destinée des hommes ! S'il est écrit que nous devions toujours végéter, errants et fugitifs, etc. Mais, Seigneur, si vous permettez que nous déchirions le crêpe funèbre qui nous cache notre patrie, si vous permettez que nous arrosions de nos larmes les tombeaux encore ensanglantés de nos parents, de nos amis, de nos frères, ah ! Seigneur, nous vous promettons, nous vous jurons de mettre en oubli toutes nos haines, nos querelles, nos animosités particulières, et de ne nous venger de nos ennemis qu'en les ramenant à vous avec le flambeau de l'exemple et de la persuasion ».

Voilà quelle doit être la règle invariable de votre conduite...

Puissiez-vous mettre à profit les leçons si éloquentes du malheur et de l'adversité ! Puissiez-vous vous exercer d'avance à la pratique des vertus chrétiennes !...

C'est alors, n'en doutez pas, que forts de votre foi, de votre confiance dans le Seigneur, vous obtiendrez le pardon de vos fautes et le retour de ses grâces et de ses anciennes miséricordes.....

Après avoir passé trois mois à Kappel, je quitte mon bon curé et mon vieux et sale cordonnier, et le sac sur le dos je vais recommencer une nouvelle campagne. Mon premier jour de marche fut affreux ; je fus crotté, mouillé comme un barbet et fort mal gîté ! Le lendemain, pour m'indemniser de la nuit précédente, je vins visiter l'abbaye de Schoutre.

Schoutre est une riche abbaye de Bénédictins, à trois lieues d'Offembourg. Ses bâtiments sont vastes et son église magnifique. Je suis seulement fâché que le dôme qu'ils ont élevé sur le maître-autel, soit si mesquin, cela dépare la beauté de cette église. J'arrivai précisément à l'heure favorable, on allait se mettre à table. Nous nous y trouvâmes réunis plus de quarante de l'armée ; nous dînâmes dans le grand appartement de l'abbé, qui nous en fit parfaitement bien les honneurs. Je me reposai le reste du jour dans cette charmante habitation, et le lendemain dès le lever de l'aurore je me mis en marche pour Rusthe, mon nouveau séjour.

Rusthe, gros bourg distant d'une lieue et demie d'Ettenheim et à demi-lieue du Rhin. — Telle est la position géographique du lieu qui nous était destiné. Rusthe est un bourg assez considérable, mais nous y étions à peu près 600 hommes, et par conséquent très mal. L'hôtel qui me fut adjugé, n'était rien moins que brillant, mais j'aurais eu tort de me plaindre. Cependant après la première visite que je rendis à mon villageois, je m'aperçus que j'avais gagné certains hôtes auxquels je n'étais pas jaloux de donner refuge. J'aurais bien fait changer mon billet, mais le baron de Bœklin, seigneur du lieu, m'ayant proposé un logement dans la maison qu'il avait à Ettenheim, je crus devoir accepter cette proposition avec reconnaissance. Mais avant de quitter Rusthe, je dois acquitter le juste tribut que nous devons tous au bon baron. Depuis cinq ans que la noblesse française court l'Allemagne, elle n'a pas encore trouvé un gentilhomme qui l'ait traitée avec tant de grâce et de générosité.

Ettenheim, ville et chef-lieu du grand baillage de ce nom et lieu de la résidence actuelle du cardinal prince de Rohan. La ville par elle-même est si peu de chose, qu'il serait superflu de m'étendre sur ce qu'elle renferme de curieux ; mais les sites qui l'avoisinent, sont délicieux. J'y avais déjà passé l'hiver et je n'avais pu me défendre d'admirer les charmants côteaux qui l'entourent. Nous sommes aujourd'hui au mois de mai 1796, et je ne puis voir sans admiration les délicieux groupes d'arbres fruitiers qui couronnent cent côteaux de vignes travaillées en terrasses en limaçon et en cent formes diverses. Enfin partout la nature y est belle et dessinée avec art. La plaine est vaste, féconde, meublée de villages riches et nombreux, c'est vraiment un paradis terrestre qu'Ettenheim au mois de mai.

A une lieue d'Ettenheim, au fond d'une gorge aride et sombre, on trouve la superbe abbaye de Bénédictins d'Ettenheim Minster. La maison en est immense, elle consiste dans un grand carré long de trente croisées sur chaque face. Au milieu d'un de ces carrés est le pavillon de l'Abbé, qui sert de pendant à l'église. Cette église est charmante, très bien peinte, d'une forme noble et fort élégante. Mais ce qui m'y fit le plus de plaisir, ce fut l'excellent diner que j'y fis et la bonne musique que j'y entendis. Près de là, est la belle église de Saint-Landelin, qui peut le disputer de beauté à l'église abbatiale ; on y voit aussi un hôpital et des bains très fréquentés.

Le 29 avril 1796, à l'instant où nous y songions le moins, on nous apprit à notre réveil que le roi était arrivé dans la nuit à Rugel, quartier général du prince. Ce fut vraiment un moment d'ivresse. Chacun fit son histoire et son plan. Peu après, nos cœurs purent encore s'épanouir davantage, en contemplant en face un prince vertueux qui sait ennoblir le malheur et paraitre grand au milieu de l'adversité. Son premier soin fut de passer en revue sa noblesse. Le rendez-vous fut dans une belle et vaste prairie, près de Rusthe. Ce fut là que pour la première fois depuis nos infortunes, j'eus le bonheur de voir et d'entendre ce monarque chéri. Je le suivis pas à pas tandis qu'il passait dans les rangs des bataillons, mais il serait difficile de rendre à la lettre tout ce qu'il dit à ses braves compagnons d'infortune, rapport aux tambours, aux trompettes et à la musique. Cependant j'ai fait mon possible pour recueillir le sens des paroles si précieuses et si chères à ses fidèles sujets.

Nous voici donc réunis, mes amis, pour, j'espère, ne plus nous quitter. Voilà la plus belle troupe de l'univers ! Qu'il est beau de voir la noblesse transformée en soldats ! Oui, mais ces soldats sont les plus braves du monde ! Non, jamais je n'oublierai les preuves de fidélité que vous m'avez données ! Si j'étais de l'autre côté (*il montrait le Rhin*), qu'aurais-je à craindre, entouré comme je suis ? Non, ceux qui se disent nos ennemis, n'oseraient nous combattre, et par respect pour cette brave noblesse et par amour pour leur père ! (*Il se montrait*). Non, à coup sûr ils nous rendraient les armes !

(*Et se retournant vers milord Crafford*) : Milord, vous voyez le bonheur que j'éprouve, je vous prie d'en faire part au roi votre maître.

Ce fut ainsi que s'exprima Louis XVIII pendant trois quarts d'heure que dura la revue de la noblesse. Son cœur lui suggérait à chaque instant des choses si touchantes et si pathétiques, qu'il sanglotait en les prononçant, et il lisait dans nos yeux noyés de larmes que nos cœurs étaient de la partie. Ah ! que le 4 mai 1796 fut un beau jour ! Quelque chose que la Providence nous destine, ce sera toujours un des plus beaux de notre vie. Plût à Dieu, bon roi, que votre voix eût pu se faire entendre de la France entière ! Elle eût produit plus d'effet que toutes les armées réunies de l'Europe, et les Français nos frères n'eussent pu voir et entendre un roi qui se dit leur père, sans retrouver leur cœur et leurs entrailles. Ils eussent sans doute rougi de leurs crimes ou de leurs erreurs, et vous eussent dans l'effusion de leur âme proclamé leur père, leur roi et leur bienfaiteur.

A trois quart de lieues d'Etenheim, on voit un gros bourg nommé *Mulberg*, où le margrave a un château situé dans la position la plus heureuse. De là on découvre toute l'Alsace et le Brisgau, et le superbe clocher de Strasbourg semble être une pyramide majestueuse placée au milieu de la plaine pour indiquer le milieu de l'espace qui sépare les Vosges des Montagnes Noires. Nous voyons tous les jours la terre promise, quand nous sera-t-il permis d'y entrer ? Le 31 mai 1796 le corps de Condé reçut l'ordre de se porter du côté de Neubourg, où se rassemblaient, disait-on, grand nombre de troupes Autrichiennes pour tenter le passage du Rhin. Je passai 8 jours chez mon bailli de Neubourg, mais j'eus le chagrin de n'y pas trouver son aimable moitié. Ces huit jours écoulés, l'ordre arriva de retourner où nous étions. Nous fûmes donc bien crottés, bien mouillés, bien fatigués, voilà notre pain quotidien et notre plus clair profit.

Je repris donc mon gîte à Etenheim : le quartier général, la même position à Rugel ; et l'armée fut campée sur les bords du Rhin près Cappel. Nous y restâmes fort tranquilles jusqu'à la nuit du 23 au 24 juin, où une vive canonnade sur toute la ligne nous annonça que les Français voulaient exécuter ce que nous avions fait semblant d'entreprendre un mois auparavant. Je me levai à 1 heure du matin au bruit du canon, et les obus et le feu de l'ennemi m'éclairèrent pour arriver au camp. La canonnade fut très vive jusqu'à 8 heures, et à 9 heures nous apprîmes que l'ennemi s'était emparé du poste important de *Kehl*, où ils trouvèrent fort peu de résistance dans les troupes des Cercles, qui y étaient en force et qui auraient facilement pu s'y maintenir. Nous sentîmes dès lors toute l'importance de cette perte, d'autant mieux que connaissant la lenteur Allemande et l'activité française, nous ne doutâmes pas que les derniers ne missent promptement à profit les ressources qu'ils pourraient tirer de la proximité de Strasbourg. Nous reçûmes bien l'ordre de lever le camp et de prendre la route de Kehl, mais au lieu d'y porter l'armée en diligence on la fit bivouaquer deux nuits de suite à 2 et 3 lieues de cette forteresse. L'ennemi profitant de cette lenteur tomba sur le corps à 6.000 Wurtembergeois, qui après une résistance d'un quart d'heure s'enfuirent emportant avec eux l'épouvante et l'effroi jusque dans leur pays. Nous entendîmes du bivouac très distinctement cette fusillade, et deux heures après il fallut faire le *Zuruck*, c'est-à-dire la retraite, cette déroute inattendue des troupes du Wurtemberg ayant découvert notre droite. Le jeune duc d'Enghien se trouvant par sa position à l'avant-garde dans le péril le plus critique, ne put s'en tirer qu'en se faisant jour à la baïonnette et en débusquant les ennemis de la gorge ou vallée d'Offenbourg dont ils s'étaient déjà emparés. Mgr le prince de Condé qui n'ignorait pas le danger où se trouvait son petit-fils, s'avançait à grands pas par l'abbaye de Schoutre pour voler à son secours. Jusque-là j'avais toujours suivi la compagnie, armé d'une badine, d'un sac et d'une ceinture, où il y avait assurément au moins 1.000 louis en or. Quand nos Messieurs se virent aux avant-postes et qu'ils me virent là, ils prétendirent qu'ils ne m'avaient pas donné leur argent en garde pour me faire tuer, et ils m'engagèrent à aller sur les derrières, ce que je fis en allant au quartier général, que je savais être à Schoutre, à une lieue de là. A mon arrivée, une estafette apporta la nouvelle et la manière miraculeuse dont Mgr le duc d'Enghien était venu à bout de se dégager du milieu des ennemis. Je trouvai à Schoutre, outre le quartier général du prince, le roi, Mgr le duc de Berry et leur suite. Mon billet de logement me donna pour voisin un cuisinier de Mgr le duc de Berry. Comme je n'avais pas cessé de marcher et de bivouaquer depuis cinq jours et cinq nuits, je sentis qu'aussitôt que je m'étendrais sur la paille, Morphée me couvrirait de ses pavots ; et comme je savais l'ennemi peu éloigné, je crus de la prudence de prier M. le cuisinier de m'avertir en cas d'événement, ce qu'il me promit bien. Sur cette assurance, après m'être humecté l'estomac d'une bonne soupe au lait, je mis mon sac sous ma tête, et tout botté, tout habillé je m'allongeai sur ma paille, où je m'endormis tout aussitôt. Le matin, à 4 heures, mon paysan entre dans mon trou et par un cri il m'annonce le danger que je cours et que tout le monde avait quitté Schoutre à minuit. Ma toilette fut bientôt faite, je reprends mon sac, je regarde à la porte de tous côtés si je ne voyais pas l'ennemi, et après une prompte délibération je pris la route opposée à celle où je le croyais ; mais par malheur, à un quart de lieue, je trouve une rivière qui me ferme la retraite. Je n'eus pas deux partis, celui de descendre la rivière jusqu'au village voisin qui en était distant de plus d'une demi-lieue, où j'espérais trouver un pont, bien résolu à me jeter à la rivière et de courir le risque de me noyer plutôt que de me laisser prendre. J'arrivai donc très lestement au village en question, et après y avoir passé la maudite rivière qui m'avait fait faire tant de mauvais sang, je me jetai dans les blés et je gagnai le pays de cette manière. Quand je fus à portée de la grande route, je la vis couverte de troupes, et il fallait absolument la traverser pour gagner la montagne. Quel fut mon effroi quand je reconnus que ces troupes étaient habillées de bleu ! Je file toujours dans le blé, et enfin quand je fus encore beaucoup plus près je reconnus la cocarde blanche et l'artillerie de l'armée. On me demanda d'où je venais, si j'étais fou d'avoir été me promener de ce côté-là. Je leur racontai mon aventure et je me trouvai avoir joué de bonheur. La bonne capture que j'eusse été pour un hussard ! Je jurai de bon cœur contre le maudit marmiton qui ne m'avait pas averti comme il me l'avait promis, et je bénis la Providence de m'avoir tiré d'un pas aussi dangereux. Je gagnai ensuite Etenheim, où je dis au cardinal l'état de choses, et il fit ses dispositions en conséquence.

La retraite devenait d'autant plus pressante qu'on n'ignorait pas que les Français faisaient filer des forces considérables par différentes gorges dont ils étaient les maîtres, et qu'ils nous amusaient ici pendant qu'ils cherchaient à nous tourner. Tout le monde était déjà sur les dents par les marches, contre-marches, bivouacs et fatigues incroyables que nous supportions depuis huit jours sans une minute de repos. On donna donc un moment de répit aux troupes en prenant une position derrière Kinsingen, où la rivière les mettait à l'abri d'une surprise. Après s'y être un peu remis pendant deux jours, l'avant-garde attaqua les avants-postes français, et on profita de cet instant pour exécuter sa retraite sur Villingen par Valkirchen.

En quittant les superbes plaines et les moissons dorées du Brisgau, en nous enfonçant dans les gorges ténébreuses de la Forêt-Noire, le noir des sapins, les torrents roulant avec fracas leurs ondes écumantes, les montagnes rapides, les rochers amoncelés les uns sur les autres, tout ce désordre de la nature, l'absence même des oiseaux qui ne troublaient pas par leurs doux accents les tristes et cruelles réflexions que notre position nous suggérait, tout enfin concourait à nous représenter sous un jour bien pénible notre affreuse situation. Comment, en effet, pouvoir envisager de sang-froid cette noblesse jadis si opulente, si généreuse, le sac, le fusil et la giberne sur le dos, succombant sous un poids accablant, noyée de sueur, suffoquée de poussière, n'ayant pour apaiser sa faim que quelques morceaux d'un mauvais pain de munition, et pour se désaltérer que l'eau du torrent, enfin pour perspective la misère et la mort ! L'adversité est sans contredit le creuset où s'éprouve l'homme, et je dois dire à la gloire de mes malheureux camarades d'infortune que je n'en ai pas vu un seul courber sous le poids du malheur, mais supporter au contraire avec une noble fierté la misère qui les assiégeait de toutes parts.

Après avoir grimpé pendant un demi-jour une montagne prodigieusement escarpée, ayant au milieu de nous le roi et nos princes, qui quelquefois à pied s'entretenaient avec ceux qui se trouvaient près d'eux, nous parvînmes enfin au sommet de cette horrible montagne, d'où toutes les autres paraissaient affaissées à nos pieds. Le froid ne nous permit pas d'y séjourner, et nous la redescendîmes bien plus vite que nous ne l'avions montée, jusqu'à ce qu'enfin nous rencontrâmes un village, qui offrit bien peu de ressources pour cinq à six mille hommes. Après une halte d'une heure, nous reprîmes la route de Villingen, où nous arrivâmes enfin à 11 heures du soir, c'est-à-dire que nous fîmes en 28 heures 18 lieues en corps d'armée. Nous attendîmes, couchés sur le pavé, excédés, rendus de fatigue, que nos logements fussent faits. A 2 heures du matin, je pris possession de quelques poignées de paille étendues sur le plancher, qui me rendirent un aussi bon service que jadis le meilleur lit possible eût pu le faire.

Il était grand temps d'arriver à Villingen. C'est là qu'aboutissent toutes les gorges, et si l'ennemi y fût arrivé le premier, il eût fallu ou boire le Rhin ou combattre et vaincre avec 8.000 hommes toute l'armée Française. Déjà l'ennemi était en possession d'Orbe, distant seulement de quatre lieues de Villingen, et les troupes qu'on envoya pour s'en emparer furent obligées de s'en revenir sans oser même chercher à l'en débusquer, tant il y était retranché et en force !

Villingen est une des principales villes de la Forêt-Noire, quoique fort petite. Cette ville est libre ; elle est entourée d'un fossé sec et d'un simple mur ; elle est bien percée ; un ruisseau fort limpide court au milieu de chaque rue et la rendrait susceptible d'une grande propreté, mais les rues sont pleines de fumées et lui donnent au contraire plutôt l'air d'un village que d'une ville. La plaine qui est au-dessus de Villingen, passe pour la plus élevée de l'Europe, ce qui paraît assez évident puisque les ruisseaux qui traversent la ville vont grossir ou plutôt former le Danube à Donachingen et coule au travers de la majeure partie de l'Europe pendant un espace de près de 500 lieues. Il fait un hiver de 9 mois dans ces parages, aussi n'y voit-on d'arbres à fruits que quelques malheureux pruniers qui semblent végéter.

La petite armée de Condé campa 15 jours entiers dans la plaine dont je viens de parler. Le jour on y était cuit, et gelé et morfondu la nuit. Pendant ce temps l'arrière-garde disputait le terrain dans le Brisgau pour pouvoir évacuer les magasins ; et dans les différentes affaires que les Condé eurent à soutenir, ils s'attirèrent l'admiration même de leurs ennemis, qui ne crurent pas pouvoir mieux les louer qu'en disant qu'ils avaient une valeur vraiment républicaine !

L'arrière-garde réunie au corps d'armée, la retraite fut décidée, et on donna l'ordre à tout ce qui n'était pas en état de soutenir des marches forcées, de bivouaquer, enfin de soutenir les fatigues de la guerre, de se rendre au dépôt. Comme je suivais l'armée depuis un mois pied à pied, que j'étais excédé de fatigue, que ma frêle santé dépérissait journellement, que j'étais porteur des trésors de beaucoup de monde, que par goût et par état l'honneur ne m'imposait point la loi de courir les hasards des combats, je pris le parti de faire ma paix et de joindre le convoi qui partait pour le dépôt. Je me flattais de pouvoir me reposer un peu après quelques jours de marche : mais pour arriver à ce terme si désiré, je fus obligé de faire presque toujours à pied plus de cent lieues par les plus grandes chaleurs de l'été. Nous partimes donc de Villingen le 16 juillet à 7 heures du soir. Nous voyageâmes en nous promenant jusqu'à 11 heures : mais le besoin ayant engagé nos camarades ainsi que moi, à entrer dans un cabaret pour y souper, le convoi passa sans que nous nous en doutassions. Nous l'attendions toujours, ce n'était pas le moyen de le rejoindre. Enfin arrivés à Donachingen, les habitants prirent, je crois, plaisir à nous égarer, en nous faisant prendre la route de Schafouse au lieu de celle d'Ulm que nous demandions, de manière que pour pouvoir rejoindre notre convoi il nous fallut marcher 24 heures de suite le sac sur le dos par des chaleurs affreuses et dans un pays où tout le monde était armé contre nous. Nous revinmes encore une fois à Donachingen.

Donachingen, ville et capitale du Furstemberg. — C'est dans la cour de ce prince que le Danube prend sa source, et déjà on y voit une grande quantité de petits poissons. A cent pas du château, le Danube est déjà considérable par la réunion des ruisseaux de Dillingen et d'un torrent qui vient des montagnes. Il est certain que si on calculait le nom des fleuves par la longueur de leur cours, le Danube devrait changer le sien. Mais on m'a assuré dans le pays que les deux petites rivières qui viennent le gonfler de leur tribut dès sa naissance, n'existent que depuis peu de siècles, et que le Danube est leur aîné depuis le commencement du monde. Donachingen n'offre, d'ailleurs, rien de remarquable. Nous passâmes encore le Danube à Guintzingen, nous grimpâmes ensuite une montagne énorme et qui nous parut d'autant plus rapide qu'ayant marché depuis près de 24 heures nuit et jour, nos forces commençaient à nous abandonner. Enfin, après nombre de haltes, n'en pouvant plus absolument, nous parvînmes au sommet. La Providence qui veille toujours au salut des humains, au défaut de comestibles nous offrit tout à coup pour charmer nos ennuis la perspective la plus étendue et la plus magnifique. J'avoue qu'à cet aspect j'oubliai un moment les cris de mon estomac pour admirer les riches et fertiles moissons de la Souabe qui se présentaient devant moi, parsemées de côteaux de vignes, de monticules isolés, de forteresses bâties sur la cime des rochers, telle que celle de Virchen dans le lointain et sur ma gauche ; le lac de Constance m'offrait l'aspect de la mer. Sur ma droite, je voyais les horribles mais majestueuses montagnes de la Suisse, qui m'offraient, le 18 juillet, le tableau glacé de l'hiver par le luisant des neiges éternelles qui les couvrent. Si j'eusse été dans un état moins pénible, je me serais volontiers oublié dans ce lieu délicieux, mais je le quittai sans regret pour obéir à un besoin plus pressant. Après avoir descendu près de 2 heures, je trouvais au pied de cette montagne la petite ville d'Enghen, d'où je me rendis au village voisin Neihausen, où je trouvai un hôte qui me reçut avec beaucoup de respect, me régala bien et me donna des draps blancs et de la paille fraiche. O l'excellent lit que la fatigue ! Je pris à peine le temps de manger, et je me jetai avec délectation sur mon cher grabat, où je dormis tout d'une pièce jusqu'au lendemain matin 5 heures, qu'il me fallut recommencer. Après avoir traversé un pays entrecoupé de côteaux de vignes, de plaines et de forêts de sapins, nous arrivâmes à une petite ville nommée Stokack. Le 20, nous traversâmes la ville de Wollendorf, un peu plus considérable que la précédente : elle est située sur la cime et le penchant d'une côte, ce qui en rend l'approche et les communications difficiles. Le 21, après avoir traversé une vaste forêt de sapins, nous nous trouvâmes au milieu de superbes et magnifiques moissons et d'un pays très fertile. Nous logeâmes à un beau village, nommé Kauska, où je fus très bien accueilli de mon hôte, sacristain du village. Il me fit faire connaissance avec son curé, qui me donna un fort bon diner. Il me fit remarquer de loin une montagne sur laquelle est dédiée une église à la sainte Vierge, d'où l'on a le point de vue le plus magnifique, ce qui est facile à croire puisque nous la voyions depuis deux jours, et que nous ne la perdîmes de vue qu'au delà d'Ulm. Mon bon curé me dit encore que je passerais le lendemain à un bourg nommé Buchau, où il y a une riche abbaye de chanoinesses, et un lac nommé le Fœdessée.

Nous passâmes, le 22, à Biberac, petite ville assez gentille, située dans un riche pays et entourée d'un simple mur. Le 23, à Lawpma, bourg superbe, où l'on remarque deux beaux châteaux. A peine, le 24, fûmes-nous en marche, que nous découvrîmes les clochers d'Ulm, mais notre marche-route nous en fit passer à une lieue ; elle m'a paru considérable, et située dans un beau et riche pays. C'est là que ceux qui désirent arriver à Vienne à bon marché, viennent s'embarquer sur le Danube. Après avoir passé la jolie rivière de Liller, qui vient grossir le Danube de ses eaux, près d'Ulm, nous découvrîmes enfin la ville de Vessenhorn, située sur les bords d'un ruisseau, qui arrose un pays si fertile que les clochers et les villages ont l'air de s'empresser sur ses bords, de sorte que de loin on croit voir une ville immense, et de près ce sont tout bonnement une vingtaine de villages, qui se touchent pour ainsi dire et qui ne sont séparés que par quelques champs remplis de légumes et de graines de toute espèce. En quittant Veissenhorn, nous vîmes de loin la belle abbaye de Rokembourg, ordre des Prémontrés : à la voir d'une certaine distance, on la prendrait pour une maison royale ornée de colonades magnifiques ; mais on est tout honteux en approchant, en reconnaissant de mauvaises peintures sur les murs. Nous couchâmes ce même jour à Krombach, petite ville, où mon hôte, boulanger de métier, me traita fort bien. Cette petite ville, sans être ornée de belles places, de beaux hôtels, de belles vues, est peinte et décorée fort agréablement. Son église est charmante, mais elle a cela de commun avec le plus grand nombre des églises d'Allemagne, qui seraient citées en France pour leur propreté et leur élégance. Nous nous réunîmes, le 26, à l'ambulance, et nous voyageâmes de compagnie pour nous rendre au dépôt général. Bientôt nous traversâmes les riches campagnes et les bourgs magnifiques qui se rencontrent dans les environs d'Augsbourg. Bientôt nous entrâmes dans la ville capitale, mais pour ressortir sur-le-champ par une autre porte, de manière que nous fûmes

forcés de nous contenter de ce que le hasard offrit à nos regards.
Hors d'Augsbourg, nous suivimes une grande route plantée d'arbres qui nous conduisit au milieu de la moisson la plus riche et la plus abondante au bourg de Verrin, où Mgr l'archevêque de Trèves et évêque d'Augsbourg a sa maison de campagne. Nous continuâmes notre marche jusqu'à 10 heures du soir, et ne pouvant arriver au lieu qui nous était destiné nous nous arrêtâmes, et le lendemain matin après avoir encore voyagé deux heures nous nous trouvâmes à Schwabneverchengen. Le sort m'envoya à un petit village, nommé Acilistetin, distant d'un quart de lieue de Schwabneverchengen. Je n'eus pas lieu de me repentir de la petite corvée que je venais de me donner. Joseph Borts et sa famille ne purent voir sans attendrissement l'état cruel où je me trouvais réduit, et pendant les deux jours que je passai chez eux il n'est point de soins et d'égards que ces braves gens ne m'aient prodigués ; il n'est même pas d'instances qu'ils ne me fissent pour m'engager à me fixer avec eux. Je remerciai mes hôtes et leur promis de les venir voir si le hasard me mettait encore à portée de les visiter. Quelle réflexion cette rencontre et nombre d'autres dont j'avais été le témoin, ne me fit-elle pas faire ! Non, il est cruel de le dire, mais la vérité est nue ! ce n'est point ordinairement dans les rangs élevés qu'on trouve de ces traits saillants qui ennoblissent l'humanité ; ils sont trop loin de la nature, et le luxe, l'opulence ont trop dépravé leur cœur. C'est dans la classe des Joseph Borts, des bourgeois, des laboureurs, c'est là qu'on retrouve l'homme tout entier : ceux-ci ne sont point blasés par les plaisirs factices que le luxe traîne à sa suite, ils ne sont point égoïstes, ils sentent aussi vivement que leurs frères les malheurs inséparables des temps et des révolutions !

Je quittai donc, le 30, mon bon charpentier, et nous partimes pour l'Autriche en traversant la Bavière. Nous avions recueilli sur toute notre route tous les malheureux émigrés qui se trouvaient sur notre passage, et qui du plus loin venaient se réunir à nous, pour pouvoir passer sous la protection de l'armée. La plupart étaient des vieillards, des prêtres, des femmes ou des enfants, qui en fuyant l'approche des Français trouvaient souvent des ennemis beaucoup plus dangereux dans les habitants des pays qu'ils étaient forcés de parcourir. Je ne m'appesantirai point sur les réflexions déchirantes que ce spectacle produisit sur mon cœur : il est des choses qu'il est permis de sentir mais qu'on ne doit pas rendre.

La file des chariots, des voitures, des cavaliers, des piétons, tenait plusieurs lieues, et donnait de l'armée une idée bien plus imposante qu'elle ne l'était en réalité. Nos équipages annonçaient une armée de 50 à 60.000 hommes et c'est tout au plus s'il y a jamais eu 8.000 combattants. Après 2 heures de marche, nous arrivâmes sur les bords du Leck, qui sépare la Souabe de la Bavière, et nous passâmes cette rivière sur un pont si étroit et si peu solide, que nous n'arrivâmes qu'à 9 heures du soir au village de Kaufingen après avoir voyagé toute la journée pour faire 5 lieues. Le 31 nous conduisit à Prong, petite ville voisine de l'abbaye de Firchenfeld. Je ne fus pas des derniers à aller admirer la beauté et la magnificence de cette superbe abbaye. L'église surtout est superbe, le vaisseau en est noble et bien pris ; les dorures, les peintures, les différents marbres y sont employés avec profusion. Les piliers sont revêtus de marbre, la voûte et les bas-côtés sont peints à fresque et donnent à cette église un air trop coquet et trop soigné pour l'église du Seigneur et semble sous certains rapports être destinée à tout autre usage.

Le 1er du mois d'août 1796 fut le premier jour où j'aperçus les clochers de Munich. Nous devions coucher à un village qui n'en est distant que d'une demi-lieue, mais comme il me semblait très possible que je ne fusse jamais à portée de voir cette belle capitale, je pris le parti de venir coucher à la ville. Le seul désir de voir Munich ne m'avait pas décidé à y venir, je savais que plusieurs de mes anciens amis l'habitaient, et mon cœur se trouvait d'accord avec ma curiosité. La difficulté était de les trouver. Cependant après avoir un peu couru, je vins à bout de trouver un de mes anciens confrères de Verdun. Il me reconnut beaucoup mieux au son de la voix qu'à ma triste figure, tant mon accoutrement, mes peines et mes misères m'avaient changé ! Il me présenta à ses bons hôtes, qui m'accueillirent avec cette effusion de cœur qui est le partage des belles âmes. Ce nouveau bienfaiteur était apothicaire, riche et possesseur d'une belle maison, mais il ne l'était point assez pour l'âme que le ciel lui avait départie. Mon ami était logé et nourri chez lui comme l'enfant de la maison, et il fournissait ordinairement gratis les remèdes aux émigrés. Les vertus de M. et Mme Siegel sont gravées dans tous les cœurs des malheureux Français. J'y fis un bon souper, on m'y procura un si bon lit que je n'y pus dormir, tant j'étais accoutumé à la dure. A mon réveil, je parcourus avec mon confrère les choses curieuses de Munich, et nous revînmes déjeuner ensuite. Nous trouvâmes notre aimable hôtesse qui nous avait préparé café et chocolat, qu'elle nous offrit de la meilleure grâce. A l'instant où je prenais congé d'elle et que je la remerciais de ses soins généreux, je ne fus pas peu surpris de voir arriver une immense longe de veau, qu'on arrangea bien proprement dans du papier, et de petits pains dans un autre paquet à peu près de la même forme. On mis tout cela dans ma besace pour me soustraire à la faim. Je bénis ma bonne dame et la longe de veau, et je quittai mon ami après leur avoir exprimé, autant qu'il était en mon pouvoir, combien j'étais sensible à leurs procédés. Arrivé à quelques lieues de là, je proposai à l'un de mes amis de partager le bon dîner dont j'étais porteur. Mais ma surprise fut grande quand au lieu de pain je trouvai en remplacement deux chemises belles et bonnes. Je me rappelai alors que j'avais dit la veille, que j'avais été forcé d'abandonner mes effets à Etenheim, et que je n'avais par conséquent que ce que j'avais pu apporter. J'admirai alors la généreuse supercherie dont on s'était servi pour m'obliger à accepter un cadeau, que ma délicatesse eût sans cela eu peine à recevoir.

Le 2, nous vînmes coucher à un petit village près Ersberg, dont le sol est fort sauvage mais les habitants bons et humains, et les comestibles à fort bon marché. Le 3 nous conduisit à Wasserbourg, ville parfaitement bien nommée par sa position au milieu de la belle rivière de l'Inn, qui en forme une presqu'île. Le 4, nous couchâmes à Tresburg, située sur l'Aicha, qui sépare la Bavière proprement dite de la Bavière dépendante de l'archevêché de Salzbourg. Enfin, le 5, nous parvînmes à Tittmaning mouillés et crotés comme des barbets.

Tittmaning, petite ville dépendante de l'archevêché de Salzbourg, où il nous fut enfin permis de nous arrêter. Car nous ne traversâmes la Bavière que d'après les protestations des magistrats au nom de l'Electeur de Bavière. Nous n'en fûmes pas cependant moins bien accueillis des habitants. et il est hors de doute que ces protestations étaient des formalités nécessitées par les circonstances. Tittmaning est située sur la rive gauche de la Solzach, qui forme les limites du pays de Salzbourg et de l'Autriche. Cette ville est dans une position fort agréable, ayant pour perspective un fort beau bassin formé par la rivière. et dans le lointain les affreuses montagnes du Tirol qui servent de rideau. La ville est fort petite et ne consiste que dans une grande et belle place entourée de maisons, et dans un château situé sur une hauteur voisine, où l'on plaça l'hôpital des malades et des blessés (1). La malheureuse journée du 13 août coûta au moins 400 morts et autant de blessés à la petite armée de Condé. Cette affaire eut lieu Oberpamelach près Memingen, c'est-à-dire à plus de 50 lieues de Tittmaning, et les malheureux blessés, estropiés ou mourants n'eurent la liberté de s'arrêter qu'ici. Aussi en périt-il beaucoup en chemin. Je ne puis me rappeler sans attendrissement le jour où je vis arriver ces malheureuses victimes de l'honneur, couchés par douzaines sur des charettes. les uns morts. les autres mourants. Ah! la cruelle chose que la guerre ! que tes fruits sont amers ! Dieu aidant, je n'en serai bientôt plus le témoin, et j'éloignerai mes regards d'un tableau que je ne me sens pas capable de supporter plus longtemps. L'armée de femmes. d'enfants. de prêtres. d'éclopés, de vieillards, de blessés, de malades, était si nombreuse que Tittmaning n'en contenait que la plus petite partie ; tout le reste était répandu dans les villages et hameaux circonvoisins à 3 ou 4 lieues à la ronde. Le hasard me servit encore fort bien cette fois-ci. Je fus logé avec un vieux chasseur noble, de mes amis, dans une ferme isolée. chez de bons et riches paysans. Nous y avions une jolie chambre et chacun notre petit grabat, et nos hôtes nous nourrissaient fort bien. moyennant 6 kreutserts, c'est-à-dire 4 sols et demi par jour. Tous les paysans allemands sont propriétaires, et il n'est point rare d'en rencontrer de fort riches. Les denrées étaient exactement pour rien dans ces contrées avant notre arrivée, et l'argent y était fort rare. ce pays

____

(1) Un usage bien regrettable de ce pays est de semer et cultiver des fleurs sur les tombes de ses parents (*Note de M. de la Corbière*).

n'ayant aucune espèce de commerce. Ce peuple est aussi fort éloigné du degré de civilisation où il est en France et même dans certaines provinces de l'Allemagne. En vaut-il pis ? c'est ce que je ne crois pas. Le luxe et le commerce traînent à leur suite des enfants perfides, qui bientôt corrompent et plongent dans un déluge de maux ceux qui croient devoir savourer le fruit défendu. Je passai un mois à me refaire dans ma solitude des fatigues que j'avais essuyées au commencement de cette campagne. Mais comme j'étais bien décidé à gagner ma vie d'une manière moins pénible et plus conforme à mes principes, je pris le parti de rejoindre l'armée pour remettre à un chacun l'argent dont j'étais dépositaire et ensuite pouvoir faire ma retraite à mon gré.

Je trouvai l'armée campée au-delà de la rivière de l'Yser, à une bonne lieue de Munich, et le jour de mon arrivée fut remarquable par une violente canonade qui brûla plusieurs maisons des faubourgs de Munich et qui détruisit une tour dont les Français s'étaient emparés et d'où ils nous causaient un dommage incroyable.

Munich était alors entourée d'ennemis, d'un côté les Français et de l'autre les Autrichiens et les Condés, et dans la ville même une armée de Bavarois pour maintenir la neutralité. Cette position était sans doute bien pénible pour les malheureux habitants de cette ville, et il semblait que mon cœur prévît les obligations que je leur devrais un jour, car lorsque je vis la tour en feu, l'horrible incendie des maisons, dont l'horreur était encore augmentée par le bruit effroyable du canon, je tremblais de tout mon corps pour nos hôtes, et un certain je ne sais quoi me faisait partager l'infortune non seulement de ceux qui étaient victimes de ce fléau, mais même les transes et les angoisses des paisibles bourgeois. Le calme enfin succéda à l'orage, et 8 jours après on nous annonça que l'ennemi ayant pris le parti de se retirer, nous allions aller à notre tour à sa poursuite. J'eusse désiré qu'elle eût commencé 24 heures plus tard, j'avais donné à laver les deux seules chemises dont je fusse seigneur et maître, et j'avais sur le dos une vieille chemise du vivandier de la compagnie qui ne valait pas assurément 4 sols ; mais il fallut prendre mon parti dans l'espoir de rejoindre bientôt mes chères et précieuses chemises, que je ne revis jamais. Je ne pus passer sous les murs de Munich sans solliciter la permission d'aller savoir des nouvelles de M. et Mme Siégel, ce qu'on m'accorda assez difficilement à la porte. Je les trouvai l'un et l'autre bien portants, et dans le ravissement surtout de se voir délivrés d'un ennemi qu'ils redoutaient à très juste titre. Je m'y reposai le reste du jour, et cette bonne dame me fit de nouveau envisager qu'étant à plus de 80 lieues du Rhin, combien j'aurais de peines et de misères à supporter avant de gagner le quartier d'hiver. L'honneur et mon état, d'ailleurs, ne me faisant point une loi de faire le métier de simple soldat, de porter le sac, de bivouaquer et de courir les grands chemins le sac sur le dos, je crus qu'il était simple et naturel de me jeter à corps perdu dans les bras de la Providence et de jouir comme tant d'autres des ressources de mon état et du peu de talents que la nature m'avait départis. Je cédai donc sans beaucoup de résistance à la douce impulsion de Mme Siégel. Mais je ne pouvais ni ne devais quitter si brusquement l'armée, et je fus la reconduire jusqu'au-delà des frontières de la Bavière et restituer à un chacun l'argent qu'il m'avait donné en garde. J'endossai donc encore une fois le sac, et je suivis la route qu'on m'indiqua, que l'armée avait tenue la veille. Je ne fis que 4 lieues dans mon après-dîner et je vins coucher à Dachau, gros bourg où l'électeur a un château abandonné, situé dans la plus belle position du monde. Le lendemain matin je me remis en route, et sur le midi j'appris que je n'étais pas sur la route du quartier général, mais que j'étais à fort peu de distance de l'avant-garde, commandés par M. de Viomenil. Je fus ravi de cette méprise, puisque cela me mettait à portée de mon meilleur ami, de mon frère et d'un parent que je cherchais depuis longtemps. Je suivis ma route avec encore plus d'ardeur, et bientôt je rencontrai celui que mon cœur désirait.

Je le trouvai au milieu de sa compagnie, couché sur l'herbe à l'ombre des sapins et à portée de fusil de l'ennemi. Je lui fis part de mon projet de quitter Mars et la guerre, et de venir me fixer à Munich. Il ne me désapprouva point à beaucoup près, et il eût bien désiré lui-même pouvoir décemment en faire autant. A 9 heures du soir, nous quittâmes notre bivouac pour marcher en avant ; et ayant encore trouvé à une lieue de distance l'ennemi qui nous barrait le chemin, nous fîmes halte jusqu'au jour. Alors notre brave et agile général qui avait ordre de s'emparer de la route qui conduit d'Ausbourg à Ingolstad pour établir une communication libre avec M. le prince de Condé et le duc d'Enghien, fit manœuvrer les petits corps qu'il avait sous ses ordres, comme s'il eût eu envie d'attaquer l'ennemi et de forcer le passage de la grande route d'Ausbourg dont ils étaient les maîtres. Notre général fit donc paraître sous tant de faces les troupes qui étaient à sa disposition, que l'ennemi crut à une attaque réelle et fit couper le pont qui nous séparait. Mais pendant ce temps-là, les bagages et les voitures défilaient par un chemin de traverse, derrière nos troupes qui les couvraient, et dans une heure nous eûmes gagné l'embranchement de la route de Neubourg à celle d'Ausbourg. Cependant la fusillade et la canonade s'engage ; les boulets, les obus, les balles même sifflaient de toutes parts à nos oreilles. Ce fut là que le malheureux domestique de mon frère, qui était tout près de moi, eut la tête emportée d'un boulet de canon, et bientôt après pillé et dévalisé par les hussards. Je fus très sensible à la perte de ce malheureux, que j'aimais beaucoup. Dès ce moment je ne jouis plus du plaisir que j'éprouvais auparavant, à admirer le déploiement et le calcul des pas des fantassins et de la cavalerie avec les tours de roue des chariots de bagage. J'avoue toutefois que je fus fort aise de me trouver à cette petite affaire, elle me donna une idée de la tactique et de l'attention que doit avoir un général pour calculer tous ses mouvements de manière à ne pas donner prise à l'ennemi sur aucun corps, mais surtout à tellement couvrir ses bagages qu'il soit impossible à l'ennemi de pénétrer. Ceci m'apprit encore que j'étais plus brave que je ne l'eusse imaginé, car soit que je n'aie pas songé au danger qui cependant était très imminent, soit que je fusse distrait par l'attention que je portais sur tout ce qui m'environnait, le fait est que je ne bougeai pas de dessus ma charrette, tandis que tous ceux qui y étaient me laissèrent seul, et s'enfuirent à toutes jambes vers le bois voisin. L'entreprise et les vœux du général étant remplis, il fit cesser le feu et il vint camper avec ses troupes près d'une petite ville nommée Aicha, où après avoir établi des vedettes sur les hauteurs et des corps de garde il fit reposer ses troupes. Les habitants d'Aicha qui avaient été pillés les jours précédents par les Français, s'imaginèrent à notre langage que nous étions encore leurs ennemis, et toutes les portes furent fermées. Cependant ils furent bientôt détrompés : les portes, les boutiques s'ouvrirent, et ils nous accueillirent de leur mieux. Après nous être reposés jusqu'au lendemain matin, nous nous mîmes en route dès le point du jour, et nous nous portâmes 4 lieues en avant. Mais n'ayant rencontré que quelques patrouilles dont on fit quelques prisonniers, nous partîmes à 7 heures du soir pour reprendre la même position que la veille, sur l'avis que l'ennemi menaçait Aicha. Nous y arrivâmes à minuit, et nous vîmes très distinctement les feux de l'ennemi. Le général détacha le marquis de Roquefeuille avec quatre compagnies de grenadiers, pour aller le reconnaître et l'en déloger s'il était possible. Nous ignorions absolument cette mission, et nous fûmes fort surpris d'entendre sur les 2 heures du matin une fusillade qui dura assez longtemps. Peu après nous partîmes nous-mêmes, sur l'avis que l'ennemi y était en très grande force. Ce fut dans cette affaire que périt le pauvre marquis de Roquefeuille, regretté généralement tant pour ses qualités morales que pour sa bravoure à toute épreuve.

Les troupes aux ordres du général se portèrent sur les hauteurs voisines, où se réunirent les restes des compagnies de grenadiers. Comme j'avais rempli mon plan, que je m'étais allégé de l'argent de ceux qui étaient à l'avant-garde, et que je n'avais pas le projet de guerroyer longtemps, je pris la route du quartier général pour aller y finir mes affaires et dire adieu pour la vie aux coups, aux bivouacs et aux assassinats légitimes dont j'étais témoin malgré moi depuis trop longtemps.

J'embrassai donc mes amis, je pris mon sac très léger, et je m'aventurai seul sur la route qu'on m'indiqua. On ne m'avait trompé que sur la distance, et au lieu de 4 lieues j'en fis près de 8. Je rencontrai sur ma route une centaine de prisonniers français. J'y vis avec un plaisir inexprimable que ces hommes n'avaient plus la rage dans le cœur, que leurs yeux n'étincelaient plus de colère en nous regardant, mais au contraire j'y trouvai des hommes honnêtes, des compatriotes et des amis. Je sentis que j'étais Français, et j'eusse désiré qu'il eût été en mon pouvoir de leur être utile. Je venais aussi d'être témoin à l'avant-garde d'actions généreuses et réciproques, et dans ma façon de voir le rapprochement des esprits vaut mieux que cent batailles gagnées. L'espoir de revoir ma chère patrie commence donc à luire dans mon cœur, et je crois fermement que quand on aura éliminé de la France les Jacobins, ces hommes de sang qui comme les bêtes féroces ne respirent que le sang et le carnage, oui, je crois qu'on ne verra en nous que des êtres généreux et sensibles, qui avons tout sacrifié au premier serment que nous avons fait à Dieu et à notre roi. Et, certes, des hommes de cette espèce qui se dévouent librement à la misère, à la proscription et à la mort, sont des hommes vertueux sur lesquels on peut compter, qui ne sauront jamais qu'obéir aux lois légitimement établies, et qui se croiraient heureux de verser leur sang pour rendre à leur patrie son antique harmonie et le repos après lequel elle soupire.

Je trouvai l'armée campée dans des marais nouvellement desséchés, entre Neubourg et Ingolstad. Nous voyions facilement ces deux villes du camp, mais il ne nous était pas permis d'y aller. Je passai huit jours sur le même terrain, au bout de quatre on nous enleva nos tentes, nous fûmes donc forcés d'y bivouaquer : le jour nous étions cuits par les rayons brûlants du soleil, sans avoir un seul arbre qui pût nous protéger de son ombrage, et dès que le soir approchait il s'élevait un brouillard épais sur le Danube qui nous gelait pendant la nuit. Enfin le moment du départ arriva, et je suivis encore l'armée pendant 4 jours et 4 bivouacs. Je n'aurais pas assurément couru si loin, si j'avais pu joindre les effets que j'avais aux équipages, mais je redoutais de me trouver à Munich avec la chemise du vivandier que j'avais toujours sur le corps et qui composait ma garde-robe en son genre. Cependant lorsque je vis qu'il fallait renoncer à mon projet ou m'abandonner à la Providence, je pris ce dernier parti sans balancer. Je remis à chacun l'argent dont j'étais dépositaire, je pris un billet d'hôpital qui me servit de passeport, et je pris la route de Schouabmunchen, dont je n'étais éloigné que de 6 lieues. Ceux qui voudront bien s'ennuyer à lire les rapsodies de mon exil, se rappelleront sans doute que je fus parfaitement accueilli dans ce village par un bon charpentier et sa famille, et d'après cette considération ils ne seront pas surpris que je tourne mes pas du côté de la reconnaissance, d'autant moins que dans l'état de misère momentanée où je me trouve, il est essentiel pour moi de trouver quelqu'un qui veuille bien s'intéresser à ma position et me faire faire sur-le-champ au moins une chemise et de tout à proportion.

Arras — Imp SCHOUTHEER FRÈRES

REVUE DE LILLE

fondée par une Société de Professeurs des Facultés catholiques, continuée sous la direction de M. le chanoine **C. LECIGNE**, professeur de littérature française et doyen de la Faculté Catholique des Lettres de Lille.

Paraît le 25 de chaque mois en un fascicule grand in-8° de 96 pages

Avec le fascicule de Novembre 1909, a commencé sa XXIe année, quatrième de la troisième série. Prix 12 fr. (union postale 13 fr.)

La Revue de Lille n'est pas un organe local : les Facultés de Lille ont en effet leur Bulletin officiel très distinct. Les questions traitées sont d'un intérêt égal pour tout le monde en France et ailleurs ; et la variété des articles rend cette publication également utile à tous.

La Revue de Lille ne se cantonne pas dans une spécialité exclusive. Elle est à la fois littéraire, sociale, scientifique, philosophique. En toutes les matières, elle vise avant tout à vulgariser, à donner des conclusions, à intéresser en instruisant. Elle suit avec soin le mouvement des idées contemporaines, toujours en garde contre les excès qui, dans un sens ou dans un autre, froissent les consciences et compromettent les meilleures œuvres.

Prix de l'abonnement annuel **12 fr.**

J'ai encore en petit nombre des volumes séparés, mais complets, et des fascicules également séparés des 7 premières années formant la première série (novembre 1899 à fin octobre 1896).

Chaque année 3 francs, chaque fascicule 0 fr. 30.

Un fascicule de **TABLES** pour ces sept années paraîtra prochainement. Le prix en est dès maintenant fixé à **0.75**. On a adopté pour ces Tables les mêmes divisions que pour les tables de la deuxième série énumérées ci-après. Ce fascicule de Tables sera très précieux non seulement aux heureux possesseurs de cette rarissime première série, mais aussi à ceux qui voudraient se procurer les volumes ou les fascicules séparés pour étudier les diverses questions qui y sont traitées.

J'ai au complet les **10 volumes** (grand in-8° de 1100 pages chacun) de la 2ᵉ série, (novembre 1896 à novembre 1906). **Quatorze tables détaillées** sur toutes les matières traitées en cette série terminent le dernier volume. Voici les divisions de ces 14 Tables.

1. Écriture Sainte. — 2. Philosophie. — 3. Théologie et Apologétique. — 4. Droit. — 5. Littérature et Critique Littéraire. — 6. Biographie, Histoire, Géographie, Voyages. — 7. Économie politique et sociale. — 8. Médecine et Hygiène, Sciences. — 9. Lettres et études sur les Universités catholiques, discours et rapports, discours aux étudiants. — 10. Hagiographie. —11. Documents, annales politiques, nouvelles et fantaisies, variétés. — 12. Poésies, poèmes, poètes. — 13. Œuvres scolaires et post-scolaires, questions scolaires et d'enseignement. — 14. Bibliographie.

Les 10 volumes net **18 fr.** Chaque année séparée : **2 fr 50**

J'ai également complètes et brochées ces années XVIII, XIX et XX (Novembre 1906 à Novembre 1909) qui sont les trois premières de la 3ᵉ série en cours.

Professorat à Munich (1797-1802).

Le chanoine revient en France.

En arrivant à Milistetein, on se doute bien que la première maison où je fus frapper, fut à celle de Joseph Boris. Il en était absent, ainsi que ses filles. Mais la bonne vieille vint m'ouvrir et faillit tomber en syncope lorsqu'elle me reconnut. « *Ah, Jisus meine got !* s'écria-t-elle. Les Français étaient encore ici hier au soir ». Lorsque je l'eus rassurée sur le compte des Français, et qu'elle eut un peu repris ses sens, la pauvre bonne femme eut bientôt réuni par ses cris son mari et ses enfants, et même une grande partie du village fut dans la minute instruite de mon arrivée.

Ma réception à Milistetein fut véritablement un coup de théâtre d'autant plus intéressant qu'il met en évidence la bonté, la générosité de ce bon peuple et particulièrement de mes bons hôtes. Le père, la mère, les enfants, tous pleuraient de joie ; ils parlaient tous ensemble et eussent voulu que je leur répondisse à tous, moi qui ne comprenais pas le quart de ce qu'ils me disaient. Enfin l'un m'apporte du lait, l'autre des fruits, l'un défait mes souliers et me présente de la bière, tandis que d'autres font du feu pour me préparer à dîner. Enfin de ma vie je n'ai été mieux servi, et mon plus grand regret fut de ne pouvoir répondre et parler avec ces bonnes gens autant qu'ils l'eussent désiré. Mais les mots allemands que je savais, une fois épuisés, il me fallut bien forcément garder le silence ; mais le langage muet que nous employions, était parfois plus éloquent que les plus belles phrases. Quand ils s'aperçurent par exemple que je n'avais qu'une seule chemise, noire, sale à faire mal au cœur et tout en lambeaux, oh ! c'est pour le coup que les gestes et les exclamations devinrent expressifs. Aller chercher de la toile, se mettre sur-le-champ trois à l'ouvrage fut l'affaire d'un moment ; et quand il s'agit de payer, les larmes qui coulaient de leurs yeux m'annoncèrent que je les désobligeais en insistant sur cet article. Je levai donc les mains vers le ciel et j'offris au Seigneur un acte de charité chrétienne digne des plus beaux siècles de l'Eglise.

Je passai trois jours délicieusement chez ces bons paysans, et il ne tint pas à eux que je n'y demeurasse davantage ; mais autant j'étais sensible à leurs procédés, autant je me serais cru coupable de leur être à charge. Je fus même assez adroit en partant pour glisser dans la poche du bon vieillard, sans qu'il s'en aperçut, une preuve de ma reconnaissance. Je quittai donc Borts et sa famille, le cœur gonflé de douleur et de plaisir (car il est des sensations qu'il serait difficile de définir), et je revins coucher à Augsbourg. Je me fis conduire à tout ce que cette ville ancienne renferme de curieux et de remarquable, mais j'ai eu la maladresse de perdre mes notes, de manière que je serai forcé de décrire de mémoire ce dont j'imaginais avoir déjà le canevas tout tracé. Il s'en suivra donc que je ne pourrai pas en rendre un aussi bon compte que je m'en étais flatté.

Augsbourg est une des villes les plus intéressantes de l'Allemagne, tant rapport à son grand commerce et à sa position dans un pays riche et fertile, que rapport aux assemblées qui eurent lieu dans cette ville lorsque Luther et Melanchton présentèrent en 1530 à Charles-Quint leur célèbre profession de foi, qui porte encore le nom de Confession d'Augsbourg. On montre encore dans une des pièces principales de la résidence de l'évêché d'Augsbourg la place où Luther était assis, lors de cette fameuse séance. L'hôtel de ville d'Augsbourg est magnifique et passe pour le plus beau de l'Allemagne. On nous fit admirer ce qu'on appelle la Tour des Eaux : c'est une machine hydraulique qui conduit une portion des eaux du Lech de près d'une lieue, d'où elle se subdivise et va former de superbes fontaines dans chaque quartier de la ville. La ville est fort grande, les rues n'en sont pas également régulières, mais elles sont très propres, et ce qui y donne un air de gaîté ce sont les peintures très fraiches dont la plupart des maisons sont décorées. Les églises ne sont pas magnifiques, mais l'église des Augustins renferme d'assez beaux tableaux. Ce qui étonne un étranger, c'est que cette ville riche et commerçante, située dans un excellent pays, ne soit pas peuplée en proportion de son étendue. Du reste, on compte dans cette ville : la cathédrale, beaucoup de paroisses, plusieurs temples de luthériens, quelques manufactures, de belles places publiques et surtout de jolies promenades.

Le pays qui sépare Augsbourg de Munich, n'offre rien d'intéressant. C'est un pays coupé de plaines peu fertiles et de forêts de sapins. Me voici donc enfin de retour à Munich. Je vais y déposer mon sac pour ne le reprendre, si cela dépend de moi, que pour retourner en France.

Je fus descendre chez Mme Siegel et je m'occupai sur-le-champ de me pourvoir d'un logement, pour n'être pas indiscret, et dès le lendemain je fus prendre possession de ma nouvelle habitation. Mon premier soin fut de remonter ma garde-robe, qui était dans l'état le plus déplorable. Mais quand j'ôtais un écu de ma pauvre petite bourse (j'avais encore mes 25 louis), je voyais la misère de plus près ; et n'ayant plus absolument rien de fixe que les bienfaits de la Providence, j'avouerai à ma honte que je passai des moments bien pénibles dans ces premiers temps. Mais comme le proverbe dit : « Aide toi, je t'aiderai, » je me mis au niveau des temps et des circonstances, et je cherchai les moyens de tirer parti du peu de moyens que la Providence m'avait départis. Je m'applaudis chaque jour de n'avoir pas eu la sotte vanité de regarder le travail comme humiliant. Non seulement j'y ai trouvé une subsistance honnête, mais j'ai trouvé le moyen d'économiser quelque chose, d'être parfois utile à mes malheureux camarades d'infortune et enfin de vaincre l'ennemi le plus redoutable que je connaisse dans ma position, l'oisiveté.

Je fus donc trouver Mme de C., ci-devant comtesse et riche de 40.000 livres de rente, aujourd'hui marchande de modes. Je lui dis ma position et le désir que j'avais de me tirer d'affaire en imitant son exemple. Elle m'accueillit à merveille et eut la complaisance de me montrer elle-même une chose si facile, qu'au bout d'une heure je fus maître. Je me mis donc à passer des lames d'or et d'argent dans de la gaze et je gagnai quatre à cinq louis dans mon hiver, que je mis de côté, car les honoraires de mes messes suffisaient pour la faible dépense que je faisais. Peu à peu je fis des connaissances, et je vis que beaucoup de prêtres français qui n'en savaient pas plus que moi, s'érigeaient en professeurs de langue française. Je pris sur-le-champ Restaut et Vailly, et je me fis un petit abrégé de principes à portée de la jeunesse. Dans ce même temps, j'eus le bonheur de faire connaissance avec Mme Cors, Française, qui est à la tête de l'Institut français de cette ville et pensionnée de l'Electeur. J'eus le bonheur de ne lui pas déplaire. Elle m'engagea à remplacer le maître qu'elle avait eu jusque là. Bientôt nous fûmes amis, elle me traita comme un frère et un ami et j'abandonnai la broderie pour me livrer tout entier à mon nouvel état.

La Providence qui me menait par la main, me fit faire connaissance (septembre 1797) avec le baron de Wallon, qui m'engagea à venir demeurer chez lui et accepter sa table. Me voilà donc tout à coup *haut et puissant seigneur*. Mais, hélas ! ce fut pour peu de temps. Le bon vieillard mourut huit mois après dans mes bras.

Je n'avais point heureusement abandonné mon Institut, et je me trouvai comme auparavant, c'est-à-dire dans un état de médiocrité très supportable, qui me mettait au-dessus de la misère. J'avais vu très souvent chez M. de Wallon un de ses amis, nommé M. de Dréern, homme savant, rempli de probité et plus que cela, bon ami. Le hasard me le fit rencontrer quelques mois après la mort du défunt : il me fit de violents reproches de ce que je ne l'avais pas été voir. Il me dit : « Je sais le cas que Wallon faisait de vous vous étiez son ami, c'était le mien, je veux être le vôtre. » Il m'indiqua son logement, je fus le voir. J'y suis en pension pour le modique prix de 13 livres par mois, fort bien nourri, et je sens à merveille que s'il accepte quelque chose, c'est pour me mettre plus à mon aise. J'y vis depuis trois ans et j'apprécie de plus en plus le prix de ses bontés, de sa conversation et de sa société.

Enfin le jour de donner un examen public arriva. Les jeunes personnes que j'avais le plaisir d'enseigner, brillèrent et firent

sensation. Elles jouèrent une petite comédie française, que Mme
Cors et moi avions faite exprès. Elles s'en acquittèrent avec tant
de grâce et rendirent si bien leurs rôles, que l'Electrice en ayant
entendu parler, demanda qu'on la jouât encore pour elle. Si je
voulais écrire ici tout ce qui est sorti de ma pauvre tête, je devrais
transcrire ici cette petite pièce. Mais ce serait un peu trop
long.

Peu de jours après l'examen, je fus passer quelque temps chez
Mme de Guoëler, fille de M. de Wallon. Mais avant de parler des petites villes de la Bavière, je crois devoir auparavant donner une
légère description de Munich.

Munich, grande et belle ville, résidence ordinaire des Electeurs
et capitale de la Bavière. Munich, sans être une ville immense,
peut être placée au nombre des plus belles villes d'Allemagne,
tant par rapport à sa population qui est de 60.000 âmes, que rapport à la beauté de ses rues et de ses édifices. La position de
Munich sur l'Yser, dont on a su avec art conduire les eaux par
divers canaux dans les différents quartiers de la ville, contribue à
rendre cette ville et plus propre et plus saine. Son voisinage cependant des hautes montagnes du Tyrol qui la bornent au midi, rend
la Haute Bavière très froide, sujette aux brouillards en hiver et aux
orages pendant l'été.

L'antiquité de Munich ne remonte pas au-delà de 500 ans, ce
qui devrait contribuer, ce semble, à la rendre plus régulière. Cependant à cela près de 5 à 6 rues, qui sont fort larges et bien bâties,
les autres rues sont étroites, tortueuses, et la ville est en général
fort mal pavée, rapport au défaut de pierre. On trouve à Munich
deux belles places, de belles fontaines, grand nombre de beaux
hôtels. Les choses les plus remarquables sont : la Résidence,
l'église des Jésuites, les Théâtins, Notre-Dame, le palais Max, le
charmant jardin de la Cour, la galerie de tableaux, la bibliothèque
publique, le marché au blé et le jardin anglais.

La Résidence, vue extérieurement, n'offre que l'ensemble de
plusieurs corps de bâtiments sans ordre d'architecture et rien qui
annonce la majesté qui règne dans l'intérieur. Elle ressemble plutôt à un vaste corps de casernes ou à une riche abbaye de Bénédictins qu'au palais d'un souverain puissant. Cependant l'Electeur

actuel fait orner la principale façade, mais je doute qu'il puisse réussir à faire quelque chose qui réponde à sa beauté intérieure. C'est assez dire que ce palais, intérieurement, est magnifique et décoré de tout ce que l'opulence peut désirer. On y admire surtout un lit, dont la richesse étonne, et un trésor d'un prix inestimable, en or, en diamants de toutes les couleurs, et une superbe colonne Trajane en porphyre, faite en petit sur le modèle de celle de Rome et enrichie d'une balustrade d'or. L'Electeur peut faire presque le tour de la ville sans sortir, et communiquer d'un bout de la ville à l'autre en suivant ses corridors pratiqués le long des remparts.

L'église Saint-Michel appartenait anciennement aux Jésuites. On y reconnait et leur bon goût et leur magnificence. Cet édifice est aussi élégant que majestueux. Si l'opulence qui y règne, annonce la piété et la générosité de son fondateur, elle ne préconise pas moins le génie de ceux qui ont présidé à la construction de cette magnifique basilique.

L'église des Théàtins est celle où l'on dépose les corps des Electeurs et des Electrices. Cette église, ainsi que celle de Saint-Michel, a été construite aux frais des Electeurs, et toutes deux se disputent de beauté et de magnificence. Celle des Jésuites est plus vaste, plus noble et plus simple ; celle-ci est plus parée, plus élégante mais trop surchargée d'ornements.

L'église Notre-Dame est une collégiale et en même temps la première paroisse de Munich. Le chapitre est composé de 24 chanoines, un doyen et un grand prévôt qui officie crossé et mitré. En entrant dans cette église, le premier coup d'œil est imposant. La nef est fort belle, les piliers très légers et la voûte fort élevée, le chœur et les chapelles fort bien décorés. Mais l'office se fait avec si peu de dignité, que bientôt le scandale succède à l'admiration. Les bourgeois, les femmes, les enfants, les pauvres, les chanoines assis pêle mêle dans les stalles, et les chiens qui aboient et jouent dans la nef, font quelquefois autant de bruit que les mauvaises et frêles voix qui composent leur musique vocale. D'ailleurs, ils escamotent les psaumes avec tant de rapidité, que le premier et le dernier verset ne font qu'un. Si l'on s'attache peu en Allemagne à avoir de belles voix de chœur, ils ont en revanche presque toujours une excellente musique instrumentale, mais les instruments bruyants y figurent trop, et parfois l'on est assourdi par les sons aigus des trompettes ou le bruit tumultueux des tambours ou des timballes.

Le palais Max est après la Résidence l'édifice le plus considérable de Munich, cela ne veut pas dire qu'il soit le plus beau et le plus agréable à la vue. Non, il y a dans cette ville vingt hôtels dont l'aspect est infiniment plus majestueux que le triste palais Max : il n'a pour lui que sa prodigieuse étendue et l'ameublement de quelques appartements.

Le jardin de la Cour est une promenade publique aujourd'hui, et conserve encore le nom de jardin de la Cour qu'il était en effet il n'y a pas fort longtemps. L'étendue de cette promenade n'est pas prodigieuse, puisqu'elle n'a que 700 pas de longueur sur 300 de largeur, mais elle est décorée de beaux arbres bien entretenus, de quatre pièces d'eau jaillissantes, d'un joli dôme ou rotonde au milieu, d'une belle galerie couverte de toute la longueur et la largeur du jardin, où l'on peut admirer les 12 travaux d'Hercule sculptés en bois peint, enfin d'un beau tapis vert, au pied duquel se trouve une grande pièce d'eau, au milieu de laquelle on voit une jolie petite île. C'est au-dessus de cette galerie couverte que sont les appartements qui renferment l'immense quantité de tableaux qui formaient les galeries de Manheim et de Dusseldorf, et que l'Electeur avait réunis à ceux de Munich ; mais ils n'y sont pas demeurés longtemps et j'ignore la route qu'ils ont prise à l'approche des Français. Mais, comme on n'eut pas le temps de tout emporter, il en resta encore suffisamment pour satisfaire le goût et les désirs de quelques généraux français qui s'approprièrent les plus beaux sans aucune cérémonie.

Le jardin anglais touche le jardin de la Cour et offre aux bons piétons la faculté de se promener tout à leur aise. Ce jardin est immense, et il serait difficile d'en déterminer précisément la longueur et la largeur, rapport à ses inégalités. Il n'est pas, d'ailleurs, trop prudent de s'aventurer seul au loin dans les allées qui conduisent dans les lieux détournés, pleins de halliers et où l'on trouve d'ordinaire fort mauvaise compagnie. Son étendue est au moins d'une lieue et demie de tour. Le jardin n'est point encore peigné ni terminé dans toute son étendue, mais cependant la majeure partie en est terminée et fort bien dessinée, et offre des

sites et des promenades charmantes. Ce qui en fait particulièrement la beauté, ce sont les eaux et les magnifiques canaux qu'on
y admire. Une bonne partie de l'Yser, divisé en plusieurs branches,
y roule avec majesté et rapidité ses eaux limpides, le traverse et
le divise. On a établi de jolis ponts sur ces différents canaux, et il
en est peu qui n'offrent des points de vue fort agréables. Du reste,
un très beau pavillon chinois, un temple d'Apollon, une salle de
bal, un amphithéâtre, un café où l'on trouve tous les rafraîchisse-
ments possibles. Ce magnifique jardin fut créé par l'Électeur défunt,
Charles-Théodore. Avant lui, il n'y avait absolument aucune promenade à Munich, le jardin de la Cour étant alors fermé. Le séjour
de Munich devait être alors bien triste en été : pays sablonneux
qui offre à peine un arbre à une lieue à la ronde.

Si je ne me fusse pas arrêté à Munich aussi longtemps, et que
j'eusse jugé de la Bavière d'après l'étendue très considérable de ce
pays que j'avais parcouru, j'en aurais assurément emporté une
idée fort médiocre. En effet, depuis Lamsberg jusqu'à Titmaning,
il y a au moins 45 lieues. Si vous y joignez encore tous les pays
compris entre Munich, Augsbourg et Ingolstad, c'est à peu près la
moitié de la Bavière. Eh bien ! toute cette étendue de pays n'offre
que de misérables villages, des terres arides couvertes de sapins
où il ne croît que du petit blé, des lacs, des marais et fort peu de
terre à froment. J'eusse donc jugé la Bavière par la moitié de la
Bavière, et je me fusse étrangement trompé si je l'eusse donnée
pour un pays peu fertile. Il suffit, pour se convaincre du contraire,
de voir l'immense quantité de blé qui se vend chaque semaine au
marché, pour avoir une idée de la fertilité de la Basse Bavière. Ce
pays nourrit non seulement la Haute Bavière, mais Munich est l'entrepôt où les Suisses, les Tyroliens viennent s'alimenter. Les plaines de Landhert jusqu'à Ratisbonne, Straubing, Ingolstad et Pas-
sau sont un Pérou inépuisable, qui fait nommer à juste titre ce
pays *le grenier de l'Allemagne*.

J'ai vu former autour de Munich de magnifiques boulevards,
mais ils sont nus et sans arbres, et on ne paraît pas s'occuper de
les planter.

On trouve ici tous les établissements publics les plus essentiels
et les plus intéressants. Il y a une fort belle bibliothèque publique,

Académie de peinture et de dessin, équitation, bains publics et particuliers ; enfin l'Électeur défunt ne doit jamais sortir de la mémoire des Bavarois et doit être regardé comme le bienfaiteur de son pays et le restaurateur des arts et des sciences en Bavière.

Quant aux mœurs de ce pays, je ne conseille pas à un étranger de s'en rapporter aux preuves extérieures de religion qu'il y verra. Les églises sont habituellement pleines, chacun un immense rosaire à la main. Ils ne manquent guère d'aller visiter une cinquantaine de bénitiers qui sont autour de l'église et d'arroser les tombes qui se trouvent dans le voisinage. A l'élévation de la messe, c'est à qui se frappera la poitrine. Trois fois le jour on sonne l'*Angelus*, et au premier coup de cloche tous les chapeaux sont à la main, et on prend pour un luthérien ou au moins un impie celui qui, ignorant l'usage, ne s'y conforme pas. D'après des principes si prononcés pour la religion sainte qu'ils professent, on devrait s'attendre à trouver un peuple rempli de mœurs, charitable, hospitalier, éloigné du libertinage, du vol et de la rapine. Cependant il y a peu de villes où le débordement soit porté plus loin, et où le goût du vol soit exercé avec plus de succès, surtout de la part des domestiques. Je n'entends pas dire toutefois par là que la majeure partie des Bavarois ne soient bons, humains, charitables. Le propre et le caractère du Bavarois est d'être un peu pesant, mais il a le cœur excellent. Il aime son pays avec passion, et quiconque vit dans ce pays finit par aimer et estimer l'habitant. Quant au luxe, il est porté plus loin que dans la plupart des pays que j'ai parcourus. Les servantes sont presque toutes habillés de soie, ayant des bonnets d'un très grand prix, des colliers et des lacets d'argent très propres et forts élégants. La noblesse affiche un luxe incroyable en ameublement, chevaux et domestiques. Plusieurs seigneurs bavarois ont deux ou plusieurs châteaux meublés et nourrissent 2, 3 et 400 valets, domestiques, hommes d'affaires ou palefreniers. Mais on n'y connaît peu ou point cette sociabilité, qui fait le bonheur de la vie. Chaque famille vit seule et isolée. Jamais on ne fait de ces parties fines, où le cœur, de concert avec le sentiment, éprouve les doux épanchements de l'amitié. Les soupers, les dîners, les pique-niques, les parties de campagne sont des mots inconnus dans le dictionnaire allemand en général. Quand on veut se régaler, on se prie à l'auberge, et chacun paie son écot. Ils se croient heureux, c'est l'essentiel. Ils vivent en patriarches, et nous vivions pour la plupart comme des dupes et des sybarites !

Les productions de la Bavière ne conviendraient pas à un friand. La Bavière n'offre que les choses absolument essentielles à la vie, telles que les blés de toute espèce, la viande de boucherie, peu de volailles et de gibier, quelques légumes comme les choux, les carottes, les oignons, quelques asperges qui sont fort chères. Du reste, point de vin, point ou peu de poisson, point de fruit excepté quelques mauvaises pommes et quelques coëches ou prunes violettes qui ne valent rien. Non seulement l'intempérie des saisons et la rigueur du climat s'opposent à la multiplicité des fruits, mais l'intérêt des riches particuliers qui sont presque tous marchands de bière, et qui ne plantent point d'arbres à fruit pour pouvoir plus facilement débiter leur bière. Au reste, le Bavarois et l'Allemand en général préfèrent une masse de bière, un morceau de pain et un radis à tous les fruits possibles. Le simple nécessaire lui suffit, et il se croit heureux. Le vrai bonheur, s'il en est ici-bas, consiste-t-il, en effet, dans les trésors et les jouissances superflues du luxe et de la mollesse? Non, mais dans un honnête nécessaire et le témoignage de sa conscience.

Je ne me trouve donc pas fort à plaindre, aujourd'hui qu'il a plu à la Providence de me rendre en la Bavière une nouvelle patrie. Si le climat et les productions de la nature ne sont pas les mêmes que sous le ciel heureux qui me vit naître, une lueur d'espérance de revoir un jour mes pénates me soutient. En attendant, je coule des jours tranquilles dans le sein de la paix et de l'amitié; et en quelque lieu de la terre que je termine ma carrière, je n'oublierai jamais les bons et généreux Bavarois qui ont charmé et soutenu ma frêle existence depuis plusieurs années.

Ce fut dans les premiers jours du mois de mars 1799 que la Bavière perdit son Électeur, Charles-Théodore, et le 12 du même mois Maximilien-Joseph, duc des Deux-Ponts, fit son entrée à Munich, accompagné de toute sa famille. Il faisait les délices des Bavarois étant simple prince, aussi la jubilation et l'allégresse se manifestèrent-elles quand il se présenta comme souverain. Chacun se pressait sur son passage et se félicitait de revoir un prince que chaque Bavarois portait dans son cœur. Il y eut une superbe illumination, où chaque particulier chercha à peindre par ses emblèmes sa joie et son amour. Pour moi, qui n'étais ici qu'un triste spectateur, je n'en partageai pas moins le bonheur public et je le prouvai en mettant mes jeunes élèves à portée de présenter à leurs Altesses une pièce de vers, qu'elles voulurent bien accueillir avec cette bonté qui les caractérise.

L'année 1799 n'offrit rien de remarquable que les succès brillants de Souvarow, en Italie ; mais, comme pour plus d'une bonne raison il n'entre point dans mon plan de parler de ces sortes de choses, je me contenterai de dire que les Condés revenant du fond de la Pologne, je crus devoir à l'amitié d'aller visiter quelques-uns de mes amis, et je me mis en route pour aller serrer encore dans mes bras des parents que j'aimais tendrement. Je les rejoignis à Aicha, et je ne pus passer et voir le lieu où le pauvre François avait été tué près de moi trois ans auparavant, sans en être vivement affecté. Je restai deux jours avec mes amis et les accompagnai jusqu'à Augsbourg. Mais comme ils allaient guerroyer et que j'avais autre chose à faire ici, je leur souhaitai un bon voyage et revins à Munich présider à un examen public que mes jeunes comtesses subirent et auquel Leurs Altesses Électorales daignèrent assister. Elles s'en tirèrent parfaitement bien, et leur manière de parler et surtout d'écrire le français leur valurent, ainsi qu'à moi, quelques applaudissements. On joua aussi une petite comédie de notre façon.

L'hiver se passa fort tranquillement, et l'arrivée et l'exaltation de Bonaparte au Consulat nous fit espérer un ordre de choses plus supportable. Déjà plusieurs de mes amis, rappelés par leurs parents, quittèrent avec transport la terre étrangère et furent augmenter en France la masse des honnêtes gens. J'ignore quand je jugerai convenable de les imiter. Mais, hélas ! ce jour si désiré me semble encore loin.

Le 10 mars 1800 fut un jour affreux et mémorable pour moi. Je me portais à merveille, et quoique le froid fut très rigoureux et la terre couverte de neige, je n'en vaquais pas moins à mes occupations ordinaires. Je ne m'attendais pas à être le soir aux portes de la mort. Tout en causant avec un de mes amis, je me sentis comme frappé d'un coup de poignard : je ne pouvais presque plus respirer. Je me lève, je veux gagner ma chambre, mais le froid me saisissant, la fièvre s'empare de mon frêle individu, et si je n'eusse pas trouvé une personne charitable qui me portât plutôt qu'elle ne me traînât, dans mon habitation, j'aurais certainement péri dans la rue. Je crachais ou plutôt vomissais le sang. On court chez les médecins mais inutilement, je fus 24 heures sans pouvoir m'en procurer un et à lutter contre la mort. Enfin il arrive, me fait saigner aux deux bras et mettre les vessicatoires sur la poitrine et entre les deux épaules. Grâce à ce violent traitement et à mon bon tempérament, je fus au bout de dix jours tiré d'affaire. Cependant la fièvre s'empara tellement de moi, que j'eusse très vraisemblablement succombé si j'eusse continué de suivre l'ordonnance du médecin, qui d'après ses principes voulait toujours m'échauffer, disant que la matière avait été animée par le feu et ne pouvait pécher que par le défaut de chaleur. Mais moi qui sentais que j'avais le feu dans le corps, je crus devoir l'éteindre avec de l'eau et des rafraîchissants. Je jetai au diable les pilules infernales de mon docteur, je me traitai à la française et enfin au bout de six semaines je me trouvai en pleine convalescence.

A peine étais-je rétabli de ma maladie, que les progrès rapides des Français jetèrent l'alarme dans le pays ; déjà grand nombre de prêtres et d'émigrés français partaient pour la Saxe et l'Autriche. Pour moi, qui n'ai aucun reproche à me faire envers ma patrie, j'attendis de pied ferme les événements et me persuadai facilement que les Français actuels ne verraient en moi qu'un compatriote malheureux, et je ne me trompai pas. Ils entrèrent à Munich le 28 juin 1800 au bruit de la musique et se conduisirent beaucoup mieux qu'on n'avait lieu de l'espérer. Ils étaient à discrétion chez les habitants, ainsi je fus dans le cas de faire connaissance avec plusieurs. Le premier jour, beaucoup de personnes s'imaginaient qu'ils nous traiteraient mal et voulaient nous engager à nous cacher ; mais quand, au contraire, ils virent que nous étions une sauvegarde pour notre maison, et qu'il n'y avait pas de procédés d'honnêteté, même de générosité, qu'ils n'exerçassent à notre égard, ce fut à qui aurait un prêtre et un émigré dans sa maison.

Pour mon compte, je dois à la justice, même à la reconnaissance, de dire que pendant les dix mois que j'ai vécu au milieu de l'armée française, je n'ai rencontré que des personnes très honnêtes et même quelques amis. Il en est deux en particulier dont les noms ne sortiront jamais de mon cœur. L'un et l'autre m'ont proposé leurs bourses à diverses reprises, m'ont voulu reconduire chez moi, m'ont donné tant de preuves de leur délicatesse et de leurs principes que ce serait un jour bien heureux pour moi si j'étais quelque jour à portée de les serrer dans mes bras et de leur prouver combien j'ai senti vivement leurs procédés à mon égard. — Je n'oublierai non plus jamais Bon, capitaine. Le pauvre malheureux arriva chez mon hôte blessé horriblement et sans culotte, on lui avait déchiré la sienne pour lui voler son argent tandis qu'il était prisonnier. Je lui offris ma petite bourse et lui servis de valet en attendant que son domestique arrivât. Ses principes n'étaient pas les miens à beaucoup près, mais à force de soins je me l'attachai tellement qu'il pleurait quand il ne me voyait pas, et quelquefois de joie en me voyant. Je désirerais bien savoir ce qu'il est devenu, mais sa blessure n'étant pas à beaucoup près guérie il fut obligé de partir avec le dernier convoi, et comme il m'avait promis de m'écrire (ce qu'il n'a pas fait), je crains fort qu'il ne soit plus de ce monde.

Enfin la paix fut annoncée (1) et les troupes filèrent vers la France. Le 12 avril 1801, les dernières troupes Françaises quittèrent Munich, et le même jour les Bavarois les relevèrent. L'Electeur y rentra deux jours après avec sa famille. L'allégresse et la jubilation se peignaient dans presque tous les cœurs. Je dis *presque* car il n'est pas probable que les ennemis de leur patrie, ceux qui avaient été assez atroces pour solliciter les généraux Français de les réunir à la France, ceux qui avaient été assez scélérats pour vilipender leur souverain et faire courir des libelles infâmes imprimés dans les deux langues ; il n'est pas probable, dis-je, que des gens de cette espèce vissent rentrer en triomphe un prince adoré de ses sujets sans porter dans leur cœur gâté et flétri ce ver rongeur qui est le fléau du crime. — Le jour de la naissance

(1) La paix fut signée à Lunéville le 9 février 1801.

de l'Electrice arrivant, les jeunes personnes de l'Institut furent présenter leurs vœux et leurs bouquets à Son Altesse Electorale. Je leur fis apprendre par cœur de petits compliments.

Avril 1802. — A cause de mes occupations journalières, et n'ayant d'ailleurs rien d'intéressant à écrire, je me suis ainsi dispensé depuis un an de prendre la plume. Aujourd'hui qu'un nouvel examen se prépare, je me crois obligé de rendre compte des succès de mes jeunes élèves. C'est le seul profit que j'en retire (si on en excepte les applaudissements publics), mais comme je n'ai jamais compté sur autre chose, mon espérance n'a point été trompée et mon amour-propre y a trouvé son compte. A la veille peut-être de rejoindre mes dieux pénates, quelqu'ingrat que soit le triste et ennuyeux métier de maître de langue, je ne m'en félicite pas moins d'avoir eu le bon esprit de prendre ce parti. J'ai vaincu l'ennui, l'oisiveté ; et si je n'ai pas fait fortune, j'ai vécu à l'abri de la misère et me suis mis au-dessus de l'indigence. J'ignore encore moi-même le parti que je prendrai. Abandonnerai-je le pain que je gagne ici à la sueur de mon front, et suivrai-je l'exemple du très grand nombre qui depuis deux ans ont déserté les terres étrangères et sont allés se jeter à corps perdu au milieu des leurs sans savoir s'il leur reste un morceau de pain ? Pour moi, j'avoue qu'aujourd'hui, isolé et presque seul, l'amour de la patrie, le souvenir de mes proches et de mes amis se font fortement sentir sur mon cœur, et si je suis son impulsion : adieu la Bavière, je redeviens Français ! Mais l'austère raison, la délicatesse même enchaînent les facultés de mon âme. Quoi ! me disais-je, que porteras-tu en France, qui te fera vivre ? Quoi ! tu irais ronger par un bout le reste de pain que tes parents ont sauvé de l'orage ? Et me voilà Bavarois pour la vie ! J'attends donc encore à y voir plus clair, et j'aime mieux être privé d'embrasser mes amis pendant quelques années que d'avoir aucun reproche à me faire. J'ai tout perdu *fors l'honneur.* Je le tiens à deux mains, et Dieu aidant nous ne nous quitterons pas. — Revenons donc à ma jeunesse. Elle a répondu avec cette grâce, cette noble candeur qui caractérise le beau sexe et gagne invinciblement les cœurs. La grammaire, la géographie, l'histoire sainte, l'histoire moderne, le blason, la mythologie, la peinture, le dessin, la musique, leur ont attiré des applaudissements mérités. Mais ce qui a le plus surpris, c'est leur manière correcte d'écrire le français. Deux jours après, elles ont joué une comédie faite pour la circonstance, où elle se sont surpassées. Cette comédie avait pour titre : *La vertu récompensée ou les fruits d'une bonne éducation*. Elle fut terminée par une pantomime, intitulée : *Pygmalion*. Tout étant fini, l'Electrice embrassa toutes les jeunes personnes, et l'Electeur remercia Mme Cors, et félicita la jeunesse. Je jouis à l'écart de leur triomphe et me trouvai assez récompensé. Je connais les grands, et ne suis pas assez dupe pour me formaliser de leur indifférence ; je me contente de les payer de retour.

Le Concordat et la loi qui oblige les prêtres ou émigrés (1) à rentrer en France pour le 22 septembre au plus tard, fixent donc enfin mes incertitudes. Je reverrai donc avant de clore ma paupière les lieux charmants où pour la première fois je respirai ! je serrerai donc encore une fois dans mes bras des parents, des amis, qui ont tant de droits à ma tendresse ! Mais en parcourant ces contrées jadis heureuses, combien de tombes et de cyprès se présenteront à ma vue ! combien de parents ou d'amis auront payé de leur sang leur tribut à la Révolution ! Combien seront ruinés, froissés par l'horrible fléau qui vient de dévorer ma patrie ! Moimême hélas ! qu'y aurai-je, où reposerai-je mon corps usé et ma tête blanchie par le malheur ? Telles sont les cruelles et déchirantes réflexions où je suis plongé. Mais je me dis : celui qui m'a couvert de ses ailes puissantes et qui depuis dix ans m'a procuré l'existence en terre étrangère, ne m'abandonnera pas dans mon propre pays. Si je puis y être bon à quelque chose, ne dois-je pas me dévouer tout entier à faire renaître cet esprit de religion et d'humanité, d'honneur et de délicatesse qui jadis caractérisait le Français ? Peut-être aussi pourrai-je (et c'est mon vœu le plus ardent) y vivre à l'écart et terminer paisiblement ma carrière. Mais si le volcan révolutionnel s'enflamme et se dilate de nouveau, ou je serai alors enseveli sous ses laves brûlantes ou je reviendrai pleurer dans les bras des bons Bavarois les malheurs de ma patrie.

(1) C'est le sénatus-consulte du 26 avril 1802 qui amnistia définitivement les émigrés.

J'annonçai donc à la bonne Mme Cors, à M. de Dréern et à sa famille qu'enfin il fallait cesser de jouir de leur présence et de leurs bienfaits. Nos larmes et nos regrets se confondirent, et j'eus la douleur et la consolation de laisser en Bavière de véritables amis, qui me firent promettre de les venir rejoindre si l'air de la France ne me convenait pas, et ils m'assurèrent que je tiendrais toujours dans leur cœur la place d'un frère et d'un ami. Ils me firent tous cadeau de leurs silhouettes. Leurs effigies étaient déjà gravées dans mon cœur, et je jouis aujourd'hui en confrontant leurs traits. Adieu donc, ville hospitalière et chérie, tu m'as servi pendant 5 ans et 7 mois de seconde patrie, et s'il ne m'eût pas été permis de voir le ciel qui me vit naître, Munich était ma patrie et ma famille y était adoptée.

Je quittai Munich le 17 juin 1802. Je pris une voiture de louage qui me conduisit en quatre jours à Stutgard en passant par Augsbourg, Quilbourg et Ulm. Le hasard me procura pour camarades de voyage un colonel bavarois et sa femme. Le mari était un bon Allemand, bien rond, qui buvait et mangeait bien, fumait encore mieux et ne disait mot. Madame la colonelle portait encore les restes d'une beauté fanée, et son jargon français annonçait l'esprit, l'amabilité et un grain de coqueterie. Sa conversation gaie et joyeuse était tempérée par le flegme inaltérable de son cher époux, qui ne rompait le silence que par signe ou pour restituer la surabondance des fumées de sa pipe. Ce furent les seuls nuages qui obscurcirent notre horizon. Phœbus brillait de tous ses feux et les plaines immenses et fertiles de la Souabe nous offraient d'un côté le tableau de l'opulence, tandis que de l'autre les montagnes majestueuses de la Suisse nous présentaient encore dans quelques endroits l'aspect des neiges et des glaces. — A quelques milles d'Ulm, la scène changea de face. Là nous nous enfonçâmes dans les gorges ténébreuses de la Forêt Noire, où souvent encaissée entre deux montagnes notre voiture occupait une grande partie du défilé. Enfin cette haute et étroite prison s'élargit peu à peu en proportion qu'on s'avance du côté de Stutgard. Sur des coteaux charmants croissent des ceps tortueux chargés des riches dons de Bacchus, là sont des vallées couvertes de villages, d'arbres fruitiers, de prairies et de nombreux troupeaux. Le Wurtemberg est vraiment le *jardin de l'Allemagne*, et le seul canton où les arbres soient traités avec un peu de soin.

Stutgard, belle ville, capitale du Wurtemberg et résidence ordinaire du duc. Il y a un palais magnifique, de belles cours et de splendides jardins. Après avoir parcouru la ville pendant 24 heures, je pus retenir ma place à la diligence de Strasbourg et je dis adieu à mon colonel et à son aimable moitié. Je revis encore Dourlac, Carlsruhe, Dastadt et Stolofen, et je ne pus me défendre d'une vive émotion en contemplant encore les lieux où j'avais rejoint l'armée de Condé et fait le triste apprentissage des camps et de la misère.

Arrivés à Kell, il fallut exhiber nos passeports et à Strasbourg courir de la mairie à la préfecture pour obtenir la permission de continuer notre voyage. En ma qualité de déporté, nos papiers furent visés ; mais deux de nos camarades laïcs furent mis sous la surveillance de la municipalité et augmentèrent la foule d'émigrés qui y mangeaient malgré eux leurs derniers écus.

Strasbourg, ville forte et capitale de l'Alsace. Elle est située à peu de distance du Rhin, dans une plaine très fertile. On y admire les clochers de la cathédrale qui sont d'une très grande élévation et d'un travail achevé, ainsi que le mausolée du maréchal de Saxe en marbre blanc et d'une expression admirable. A 7 ou 8 lieues de Strasbourg, nous vîmes les débris du palais magnifique que le cardinal de Rohan avait à Saverne. — *Phalzbourg* est une jolie petite ville bien fortifiée, renommée par ses excellentes liqueurs. *Lunéville* est remarquable par le château du feu roi de Pologne. Enfin nous découvrîmes la belle capitale de la Lorraine : la majesté de ses places et de ses édifices ne me touchèrent que médiocrement, je les connaissais déjà, et j'approchais de Verdun où mon cœur me pressait d'arriver pour serrer dans mes bras un frère et une belle-sœur que je chéris, et d'anciens amis qu'il me tardait de revoir. Or, le lendemain matin je montai dans la diligence. Après avoir dîné à Saint-Mihiel, nos yeux cherchèrent et découvrirent bientôt les clochers d'une cathédrale où j'avais été chanoine et chancelier pendant 11 ans. Je ne tenterai point de décrire ce qui se passa dans mon âme lorsque j'entrai dans cette ville et que je me trouvai dans le sein de ma famille. Il est des sensations qu'on ne saurait exprimer. Je suis, d'ailleurs, d'un caractère si sensible que mon frêle individu ne put supporter les mouvements divers auxquels il fut assujéti. Si j'étais comblé des plus tendres caresses de mes parents et de mes amis, les églises abattues, les fortunes dispersées, la comparaison de ma misère actuelle à mon ancienne opulence, l'air, le ton, tout me parut si nouveau, j'en fus si vivement affecté que mon cœur dès ce moment se souleva, mon estomac me refusa le service et je me vis forcé d'avoir recours à la pharmacie. Les maladies de cette espèce se guérissent difficilement, et je traînai à Paris, au Mans, à Angers et à Avranches le trait cruel qui me déchirait. Comme un faible oiseau battu de la tempête, je vogue sur une mer agitée, sans savoir où je pourrai me reposer. Je voltige de ville en ville, de province en province pour chercher à réunir les minces débris de ma fortune. La Providence, il est vrai, m'offre bien des consolations, soit chez un frère chéri, une sœur ou une cousine, qui comme un ange tutélaire veille sur ma destinée. Mais ma délicatesse ne s'arrange point d'être à charge à mes amis, et si je ne puis reconquérir suffisamment pour assurer mon indépendance, il faudra, quoiqu'il m'en coûte, dire adieu à jamais à mes proches et à mes amis, et aller gagner ma vie et végéter en terre étrangère.

Arras. — Imp. SCHOUTHEER FRÈRES.

e. 8

REVUE DE LILLE

fondée par une Société de Professeurs des Facultés catholiques,
continuée sous la direction de M. le chanoine **C. LECIGNE**, professeur de littérature française et doyen de la Faculté Catholique des
Lettres de Lille.

Paraît le 25 de chaque mois en un fascicule grand in-8° de 96 pages.

Avec le fascicule de Novembre 1909, a commencé sa XXI° année,
quatrième de la troisième série. Prix 12 fr (union postale 13 fr.)

La Revue de Lille n'est pas un organe local : les Facultés de Lille ont
en effet leur Bulletin officiel très distinct. Les questions traitées sont
d'un intérêt égal pour tout le monde en France et ailleurs ; et la variété
des articles rend cette publication également utile à tous.

La Revue de Lille ne se cantonne pas dans une spécialité exclusive.
Elle est à la fois littéraire, sociale, scientifique, philosophique. En toutes
les matières, elle vise avant tout à vulgariser, à donner des conclusions,
à intéresser en instruisant. Elle suit avec soin le mouvement des idées
contemporaines, toujours en garde contre les excès qui, dans un sens
ou dans un autre, froissent les consciences et compromettent les meilleures œuvres.

Prix de l'abonnement annuel **12 fr.**

J'ai encore en petit nombre des volumes séparés, mais complets, et
des fascicules également séparés des 7 premières années formant la
première série (novembre 1899 à fin octobre 1896).

Chaque année 3 francs, chaque fascicule **0 fr. 30.**

Un fascicule de **TABLES** pour ces sept années paraîtra prochainement.
Le prix en est dès maintenant fixé à **0.75.** On a adopté pour ces Tables
les mêmes divisions que pour les tables de la deuxième série énumérées
ci-après. Ce fascicule de Tables sera très précieux non seulement aux
heureux possesseurs de cette rarissime première série, mais aussi à
ceux qui voudraient se procurer les volumes ou les fascicules séparés
pour étudier les diverses questions qui y sont traitées.

J'ai au complet les **10 volumes** (grand in-8° de 1100 pages chacun) de
la 2° série, (novembre 1896 à novembre 1906). **Quatorze tables détaillées**
sur toutes les matières traitées en cette série terminent le dernier volume. Voici les divisions de ces 14 Tables.

1. Ecriture Sainte. — 2. Philosophie. — 3. Théologie et Apologétique.
— 4. Droit. — 5. Littérature et Critique Littéraire. — 6. Biographie, Histoire, Géographie, Voyages. — 7. Economie politique et sociale. — 8.
Médecine et Hygiène, Sciences. — 9. Lettres et études sur les Universités catholiques, discours et rapports, discours aux étudiants. — 10. Hagiographie. — 11. Documents, annales politiques, nouvelles et fantaisies,
variétés. — 12. Poésies, poèmes, poètes. — 13. Œuvres scolaires et post-
scolaires, questions scolaires et d'enseignement — 14. Bibliographie.

Les 10 volumes net **18 fr.** Chaque année séparée **2 fr. 50**

J'ai également complètes et brochées ces années XVIII, XIX et XX
(Novembre 1906 à Novembre 1909) qui sont les trois premières de
la 3° série en cours.